小説《しょうせつ》　映画《えいが》ドラえもん

のび太《た》と空《そら》の理想郷《ユートピア》

上

藤子《ふじこ》・F《エフ》・不二雄《ふじお》／原作《げんさく》

福島直浩《ふくしまなおひろ》／著《ちょ》

古沢良太《こさわりょうた》／脚本《きゃくほん》

堂山卓見《どうやまたくみ》／監督《かんとく》

★小学館ジュニア文庫★

読書工房めじろーブックス

もくじ 下

もくじ 上

登場人物《とうじょうじんぶつ》

ジャイアン

暴《あば》れん坊《ぼう》の
ガキ大将《だいしょう》。
いざというとき
頼《たよ》りになる。

スネ夫《お》

ちょっと
見栄《みえ》っぱりの
お坊《ぼっ》ちゃま。
手先《てさき》が器用《きよう》で
機転《きてん》が利《き》く。

ソーニャ

〈パラダビア〉の
安全《あんぜん》を守《まも》る
パーフェクト
ネコ型《がた》ロボット。

しずか

のび太《た》が憧《あこが》れる、
かわいくて
しっかりものの
女《おんな》の子《こ》。

のび太《た》

勉強《べんきょう》も運動《うんどう》も
苦手《にがて》だけど、
心《こころ》の優《やさ》しい
男《おとこ》の子《こ》。

ドラえもん

のび太《た》を助《たす》ける
ため、未来《みらい》から
やってきたネコ
型《がた》ロボット。

プロローグ

二十二世紀《にじゅうにせいき》。北極海《ほっきょくかい》――。

雪《ゆき》が舞《ま》っていた。数《すう》メートル先《さき》も見《み》えないほどの、激《はげ》しい吹雪《ふぶき》だった。

そんな凍《い》てつく寒《さむ》さのなか、空《そら》に穴《あな》があいた。何《なに》もない空間《くうかん》に突然《とつぜん》、無数《むすう》に現《あらわ》れた穴《あな》は、同《おな》じ速《はや》さで静《しず》かに開《ひら》いていった。

穴《あな》はやがて30メートルほどの直径《ちょっけい》になって止《と》まった。奥《おく》には何《なに》やら不思議《ふしぎ》な模様《もよう》が見《み》える。まるで別《べつ》の空間《くうかん》の入《い》り口《ぐち》が開《ひら》いてしまったようだ。

その時《とき》、すべての穴《あな》の中《なか》から丸《まる》い突起《とっき》が同時《どうじ》に進《すす》み出《で》てきた。音《おと》もなく現《あらわ》れたその物体《ぶったい》は、どうやら潜水艦《せんすいかん》のような乗《の》り物《もの》の先端《せんたん》らしい。空《そら》に浮《う》かんだ数隻《すうせき》の潜水艦《せんすいかん》は吹雪《ふぶき》の中《なか》で、静《しず》かに旋回《せんかい》を始《はじ》めた。

『タイムパトロール』と呼《よ》ばれる、時間《じかん》を超《こ》えて悪事《あくじ》を取《と》り締《し》まる、未来《みらい》の警察《けいさつ》だった。船内《せんない》ではタイムパトロールの隊員《たいいん》が、目《め》の前《まえ》のたくさんのモニターに目《め》を配《くば》っている。

「現在位置《げんざいいち》、北緯《ほくい》82、東経《とうけい》5。各艦《かくかん》、予定空域《よていくういき》に到達《とうたつ》」

隊員《たいいん》の一人《ひとり》が声《こえ》を発《はっ》したとたん、ピコーンとスピーカーから警戒音《けいかいおん》が響《ひび》いた。音《おと》に反応《はんのう》して、別《べつ》の隊員《たいいん》がさけぶ。

「レーダーに反応《はんのう》！」

隊員《たいいん》の眼前《がんぜん》のモニターに、銀色《ぎんいろ》の三日月形《みかづきがた》の物《ぶっ》体《たい》が映《うつ》っていた。

「発見《はっけん》！　間違《まちが》いありません！」

「よし。各艦《かくかん》に通達《つうたつ》。作戦通《さくせんどお》りに展開《てんかい》せよ」

隊員《たいいん》たちの後《うし》ろに立《た》っていた指揮官《しきかん》のような男《おとこ》が、落《お》ち着《つ》いて指示《しじ》を送《おく》る。

「逃《のが》すなよ」

「了解《りょうかい》！」

隊員《たいいん》たちが指示《しじ》に従《したが》って、コントロールパネルの操作《そうさ》を始《はじ》める。

同様《どうよう》の命令《めいれい》が他《ほか》の艦《かん》にも通達《つうたつ》された。悪天候《あくてんこう》の中《なか》、タイムパトロール艦《かん》は統率《とうそつ》を伴《ともな》って、両翼《りょうよく》に陣形《じんけい》を展開《てんかい》していく。

それは遠《とお》く離《はな》れていても形《かたち》がわかるくらい、巨大《きょだい》な物体《ぶったい》だった。宙《ちゅう》に浮《う》かぶ三日月《みかづき》は建造物《けんぞうぶつ》のようにも見《み》え、ガラスのように滑《なめ》らかな壁面《へきめん》は、吹雪《ふぶき》の中《なか》で鈍《にぶ》く銀色《ぎんいろ》に光《ひか》っていた。

艦隊《かんたい》はゆっくりと三日月《みかづき》に向《む》かっていた。どうやら陣形《じんけい》を膨《ふく》らませてその四方《しほう》から包囲《ほうい》するつもりらしい。そして陣形《じんけい》が半円形《はんえんけい》まで広《ひろ》がったその時《とき》だった。

ピ……ピ……ピ――――ッ！

鋭《するど》い音《おと》が艦内《かんない》のスピーカーから響《ひび》いた。物体《ぶったい》の変化《へんか》を感知《かんち》したのだ。隊員《たいいん》があわててモニターを注視《ちゅうし》する。その直後《ちょくご》、三日月形《みかづきがた》の物体《ぶったい》が瞬《またた》く間《ま》にモニターから消《き》えた。

「なっ!?」

「き、消《き》えた！」

「なんだと!?」

指揮官《しきかん》があわててモニターを見《み》つめる。しかしモニターには荒《あ》れくるう吹雪《ふぶき》しか映《うつ》っていない。

「目標《もくひょう》ロスト！」

「そんなバカな！」

「各《かく》レーダー、反応《はんのう》なし！　逃《に》げられました……」

隊員《たいいん》の一人《ひとり》が力《ちから》なく報告《ほうこく》する。

「ぐ……！」

指揮官《しきかん》は悔《くや》しげに拳《こぶし》を振《ふ》り上《あ》げ、コントロールパネルに叩《たた》きつける。館内《かんない》にバン！と乾《かわ》いた音《おと》が響《ひび》いた。

変《か》わらず外《そと》では吹雪《ふぶき》がつづいていた。氷原《ひょうげん》には冷《つめ》たい風《かぜ》が荒《あ》れくるう。先《さき》ほどまで三日月形《みかづきがた》の物体《ぶったい》が存在《そんざい》した場所《ばしょ》の真下《ました》は、まるでえぐり取《と》られたかのように、半球体《はんきゅうたい》の穴《あな》がぽっかりと開《あ》いていた――。

01 ユートピアに行《い》きたい

澄《す》んだ青空《あおぞら》に太陽《たいよう》が輝《かがや》いている。ゴツゴツとした桜《さくら》の枝先《えださき》のつぼみに、春《はる》の柔《やわ》らかい日差《ひざ》しが降《ふ》り注《そそ》いでいた。

キーンコーンカーン、とチャイムの音《おと》が聞《き》こえる。町《まち》の一角《いっかく》にそびえる小学校《しょうがっこう》が、休《やす》み時間《じかん》の始《はじ》まりを知《し》らせたらしい。開《あ》いた窓《まど》から、子《こ》どもたちの話《はな》し声《ごえ》が聞《き》こえてきた。

そんな学校《がっこう》の教室《きょうしつ》で、一人《ひとり》の少年《しょうねん》がキョトンと身《み》を乗《の》り出《だ》した。

「ユートピア？」

円《まる》いメガネをかけた少年《しょうねん》は不思議《ふしぎ》そうに尋《たず》ねる。丸《まる》く整《ととの》えられた髪《かみ》のつむじから2本《ほん》の毛《け》がぴょこんとはねていた。どうやら先《さき》ほどの授業《じゅぎょう》で居眠《いねむ》りをしていたのか、口《くち》の端《はし》にはよだれの跡《あと》が見《み》える。その様子《ようす》から見《み》ても、あまり利口《りこう》そうな雰囲気《ふんいき》はうかがえない。

少年《しょうねん》の名《な》は野比《のび》のび太《た》。この学校《がっこう》に通《かよ》う小学生《しょうがくせい》だ。

のび太《た》の小《ち》さな瞳《ひとみ》は、興味津々《きょうみしんしん》といった様子《ようす》で、目《め》の前《まえ》の利発《りはつ》そうな少年《しょうねん》に向《む》けられていた。

「そう。『ユートピア』は三日月《みかづき》の形《かたち》をした島《しま》でね、争《あらそ》いも戦争《せんそう》もなく、飢《う》えることもない、誰《だれ》もが幸《しあわ》せに暮《く》らせる国《くに》なんだ」

よどみなくスラスラと話《はな》す少年《しょうねん》の名《な》は出木杉《できすぎ》

英才《ひでとし》。のび太《た》のクラスメイトで常《つね》にクラストップの成績《せいせき》を誇《ほこ》る。のび太《た》とは正反対《せいはんたい》の少年《しょうねん》だった。

出木杉《できすぎ》は机《つくえ》の上《うえ》に置《お》かれていた本《ほん》をのび太《た》に見《み》せた。

「いわゆる理想郷《ユートピア》、楽園《らくえん》だね」

本《ほん》の表紙《ひょうし》には『ユートピア』と書《か》かれていた。

本《ほん》をめくると、中《なか》には中世《ちゅうせい》の街《まち》やお城《しろ》、海《うみ》に浮《う》かぶ帆船《はんせん》や深《ふか》い森《もり》の挿絵《さしえ》が描《えが》かれている。そこに描《えが》かれた人々《ひとびと》は皆《みな》、穏《おだ》やかな笑顔《えがお》を浮《う》かべ、たしかに幸《しあわ》せそうだ。

「飢《う》えることがないってことは、うまいもん食《た》べ放題《ほうだい》ってことか!?」

のび太《た》の隣《となり》で、体格《たいかく》の良《よ》い少年《しょうねん》が目《め》を輝《かがや》かせた。食《た》べ物《もの》に目《め》がないのか、今《いま》にもよだれを垂《た》らさんばかりに興奮《こうふん》している。少年《しょうねん》の名《な》は剛田《ごうだ》武《たけし》。

のび太《た》や出木杉《できすぎ》のクラスメイトで、みんなからはジャイアンと呼《よ》ばれている。いわゆるガキ大将《だいしょう》であり、弱虫《よわむし》ののび太《た》がその暴力《ぼうりょく》の標的《ひょうてき》になる

ことも しばしばだった。

そんなジャイアンの隣《となり》で、小柄《こがら》な少年《しょうねん》も出木杉《できすぎ》に尋《たず》ねた。

「争《あらそ》いもないってことは、いい人《ひと》ばかりってこと？」

その少年《しょうねん》の名《な》は骨川《ほねかわ》スネ夫《お》。こちらも同《おな》じクラスメイトで、ツンととがった髪型《かみがた》がトレードマークだ。スネ夫《お》はお金持《かねも》ちの家《いえ》の子《こ》であり、それをひけらかしたりと少々《しょうしょう》イヤミなところがある。

スネ夫《お》の質問《しつもん》に対《たい》して、出木杉《できすぎ》の近《ちか》くに立《た》っていた少女《しょうじょ》が代《か》わりに答《こた》えた。

「きっとその国《くに》の住人《じゅうにん》は、全員《ぜんいん》が優等生《ゆうとうせい》みたいなものなんじゃない？」

的確《てきかく》な言葉《ことば》でまとめた少女《しょうじょ》は、まさしく優等生《ゆうとうせい》の雰囲気《ふんいき》を漂《ただよ》わせていた。紅一点《こういってん》の少女《しょうじょ》の名《な》は源静香《みなもとしずか》。耳《みみ》の後《うし》ろで髪《かみ》を二《ふた》つにまとめた美少《びしょう》女《じょ》で、優《やさ》しい性格《せいかく》と柔《やわ》らかい笑顔《えがお》はまわりの人《ひと》も温《あたた》かい気持《きも》ちにさせる。しずかはのび太《た》の憧《あこが》れの存在《そんざい》だった。

しずかの言葉《ことば》に、のび太《た》は身《み》を乗《の》り出《だ》して食《く》いついた。

「じゃあもしかして、テストもないの？」

成績《せいせき》の良《よ》くないのび太《た》にとって、テストのない世界《せかい》はまさしく楽園《らくえん》に等《ひと》しい。

「乱暴《らんぼう》なやつも、意地悪《いじわる》なやつもいないの？　ああ～！　なんでぼくはその国《くに》に生《う》まれなかったんだ～！」

顔《かお》マネをしながら大《おお》げさに嘆《なげ》いたのび太《た》の後《うし》ろで、ジャイアンとスネ夫《お》が静《しず》かにつぶやいた。

「ほお～、乱暴《らんぼう》なやつと……」

「意地悪《いじわる》なやつ、ねえ」

のび太《た》は無意識《むいしき》のうちにこの二人《ふたり》をイメージして話《はな》してしまったらしい。しかもご丁寧《ていねい》にクオリティの高《たか》い顔《かお》マネまで披露《ひろう》してしまったから、勘《かん》の悪《わる》い二人《ふたり》でもすぐに気《き》がついたようだ。

「誰《だれ》のことかなぁ～、のび太《た》くぅん～？」

ジャイアンとスネ夫《お》は声《こえ》を揃《そろ》えて、怖《こわ》い顔《かお》で迫《せま》った。

「あ、いや、その……」

しどろもどろで後《あと》ずさりするのび太《た》に、スネ夫《お》が詰《つ》め寄《よ》る。

「だいたいのび太《た》なんか、その国《くに》に生《う》まれたって、ダメなやつのままに決《き》まってるだろ」

「ぼ、ぼくだって出木杉《できすぎ》みたいになってたかもしれないだろ！」

必死《ひっし》に言《い》い返《かえ》すが、どうにも説得力《せっとくりょく》に乏《とぼ》しい。

のび太《た》は出木杉《できすぎ》に期待《きたい》の眼差《まなざ》しを向《む》ける。

「ねぇねぇ、ユートピアってどこにあるの⁉」

「はは、この本《ほん》はトマス・モアという人《ひと》が書《か》いた
小説《しょうせつ》。ユートピアは創作《そうさく》だよ」

出木杉《できすぎ》は本《ほん》の表紙《ひょうし》を見《み》せて苦笑《くしょう》した。

「なんだ、本当《ほんとう》にあるわけじゃないのか……」

「当《あ》たり前《まえ》だろ」

がっかりしたのび太《た》を、スネ夫《お》が小《こ》バカにして

笑《わら》う。

「でもあながちまったくの作《つく》り話《ばなし》とも言《い》えないかも」

出木杉《できすぎ》の言葉《ことば》に、のび太《た》だけではなくジャイアンとスネ夫《お》も「え?」と見《み》つめ返《かえ》した。

「ユートピアにはモデルがあるという説《せつ》もあるから」

「理想郷伝説《ユートピアでんせつ》は大昔《おおむかし》から世界中《せかいじゅう》にあるものね」

しずかが同意《どうい》した。優等生《ゆうとうせい》の二人《ふたり》は、そのままユートピアについての具体例《ぐたいれい》を挙《あ》げ始《はじ》める。

「うん、たとえば幻島《まぼろしじま》トゥーレの伝説《でんせつ》。北極海《ほっきょくかい》にたしかにあった大《おお》きな島《しま》なんだけど、ある日突然《ひとつぜん》消《き》えてしまったんだって。他《ほか》にも、海《うみ》に消《き》えたムー大陸《たいりく》やアトランティス……」

「日本《にっぽん》の海《うみ》の底《そこ》の竜宮城《りゅうぐうじょう》もそうじゃない？」

「そうだね。中国《ちゅうごく》の山奥《やまおく》にあるといわれる桃源郷《とうげんきょう》や、空飛《そらと》ぶ都市《とし》のマゴニアもあるし、不思議《ふしぎ》な偶然《ぐうぜん》だよね」

出木杉《できすぎ》としずかの豊富《ほうふ》な知識《ちしき》によって、話《はなし》は盛《も》り上《あ》がっていく。

細《こま》かいところはわからないが、ユートピア伝説《でんせつ》が世界中《せかいじゅう》にあることはのび太《た》にも伝《つた》わった。

「じゃあじゃあ！　見《み》つかってないだけで、ユートピアがどこかにあってもおかしくないよね！」

身《み》を乗《の》り出《だ》して嬉《うれ》しそうに叫《さけ》ぶと、のび太《た》は目《め》を閉《と》じて、ぼんやりと妄想《もうそう》を始《はじ》める。

「どこにあるんだろう……。海《うみ》の底《そこ》？　高《たか》い山《やま》のてっぺん？　やっぱり空《そら》に……」

「野比《のび》の気持《きも》ちはお空《そら》に飛《と》んでっておるのか？」

その時《とき》、背後《はいご》で野太《のぶと》い声《こえ》が聞《き》こえ、のび太《た》は現《げん》実《じつ》に引《ひ》き戻《もど》された。

「ひっ？」

おそるおそる振《ふ》り返《かえ》ると、目《め》の前《まえ》には怖《こわ》い顔《かお》でのび太《た》を睨《にら》みつけている先生《せんせい》が立《た》っている。ジャイアンやスネ夫《お》、しずかや出木杉《できすぎ》も、先生《せんせい》の気配《けはい》を察《さっ》してとっくに席《せき》に戻《もど》っていた。

「野比《のび》！　さっさと席《せき》につかんか！」

「は、はい〜〜〜っ！」

クラスからクスクスと笑《わら》いがもれるなか、のび太《た》は大慌《おおあわ》てで席《せき》に戻《もど》っていった。


授業《じゅぎょう》終《お》わりのチャイムが鳴《な》り終《お》わったあと、のび太《た》は机《つくえ》で現実《げんじつ》に打《う》ちのめされていた。

目《め》の前《まえ》には戻《もど》ってきたテストの答案《とうあん》がある。点《てん》数《すう》は15点《てん》、10点《てん》、そして0点《てん》と、見《み》るも無惨《むざん》なものだった。

「はぁぁ〜〜〜」

思《おも》わずもれたため息《いき》の向《む》こう側《がわ》、教壇《きょうだん》から先《せん》生《せい》のするどい声《こえ》が響《ひび》く。

「春休《はるやす》みの前《まえ》に、返《かえ》したテストをしっかり復《ふく》習《しゅう》するように！　聞《き》いとるのか、野比《のび》！」

「はいっ！」

思《おも》わず立《た》ち上《あ》がって返事《へんじ》したのび太《た》を、ジャイアンやスネ夫《お》がヒヒヒと笑《わら》うのが聞《き》こえた。

「はぁぁ〜〜〜〜」

教室《きょうしつ》の外《そと》の廊下《ろうか》で、のび太《た》はもう一度《いちど》大《おお》きなため息《いき》をついた。肩《かた》にのったランドセルがずしりと重《おも》い。このまま家《いえ》へ帰《かえ》って、ママに答案《とうあん》を見《み》せたらどんなことになるか。それはいくら勉強《べんきょう》のできないのび太《た》でもわかる。

『の〜び〜太《た》〜！　なんですか、その点数《てんすう》は〜！』

怒《いか》り爆発寸前《ばくはつすんぜん》の鬼《おに》のような形相《ぎょうそう》で見下《みお》ろすママ

の顔《かお》が、のび太《た》の脳裏《のうり》に浮《う》かぶ。

「ひぃ〜〜〜！」

思《おも》わず目《め》を背《そむ》けた廊下《ろうか》の先《さき》に、のび太《た》は天使《てんし》の後《うし》ろ姿《すがた》を見《み》つけた。

「しずかちゃ〜ん！」

のび太《た》は笑顔《えがお》でかけよって声《こえ》をかけた。目《め》の前《まえ》に楽《たの》しそうなことがあると、イヤなことをすぐに忘《わす》れられるのは、のび太《た》の長所《ちょうしょ》であり短所《たんしょ》でもある。

「今日《きょう》、あやとりして遊《あそ》ばない？」

あやとりはのび太《た》の数少《かずすく》ない特技《とくぎ》だ。はしごやホウキを作《つく》るのは朝飯前《あさめしまえ》で、オリジナルのあやとり技《わざ》を日々《ひび》開発《かいはつ》するほどの熱《ねつ》の入《い》れようだ。のび太《た》は何度《なんど》となく、あやとりが学校《がっこう》の教科《きょうか》にならないかな〜と夢想《むそう》している。

振《ふ》り返《かえ》ったしずかは軽《かる》く微笑《ほほえ》みながら答《こた》えた。

「ごめんなさい。今日《きょう》はテストの復習《ふくしゅう》をしないと」

あっさりした答《こた》えにのび太《た》は食《く》い下《さ》がった。

「でもせっかく春休《はるやす》みなんだし、今日《きょう》くらいイイじゃない」

「でも、今日《きょう》やらないと忘《わす》れてしまいそうだから。また今度《こんど》ね」

とりつく島《しま》もなく、しずかは誘《さそ》いを断《ことわ》るとすたすたと立《た》ち去《さ》っていった。

残念《ざんねん》そうに取《と》り残《のこ》されたのび太《た》の後《うし》ろ姿《すがた》に、今度《こんど》は誰《だれ》かが声《こえ》をかけた。

「暇《ひま》そうだな、のび太《た》」

「!?」

ジャイアンとスネ夫《お》が近《ちか》づいてきて、強引《ごういん》に肩《かた》に手《て》を回《まわ》してくる。

「野球《やきゅう》のメンバーに入《い》れてやるから感謝《かんしゃ》しろ。エラーしたらぶっ飛《と》ばすけどな」

「いやぁ、でもテストの復習《ふくしゅう》が……」

のび太《た》はしずかと同《おな》じ理由《りゆう》で誘《さそ》いを断《ことわ》ろうとする。今日《きょう》は野球《やきゅう》をする気分《きぶん》ではない。いつものように三振《さんしん》やエラーを重《かさ》ねて、言《い》われたとおりにぶっ飛《と》ばされるに決《き》まっている。作《つく》り笑《わら》いでその場《ば》から逃《に》げ出《だ》そうとするのび太《た》の行《ゆ》く先《さき》を、今度《こんど》はスネ夫《お》が塞《ふさ》いだ。

「せっかく春休《はるやす》みなんだし、イイじゃないか」

こちらも先《さき》ほどのび太《た》が言《い》った言葉《ことば》だ。スネ夫《お》はしずかとの会話《かいわ》を聞《き》いていたのだろう。のび太《た》は観念《かんねん》して悲《かな》しげにうつむいた。

電信柱《でんしんばしら》の根《ね》もとで、春《はる》の風《かぜ》にタンポポが揺《ゆ》れていた。

そのそばをのび太《た》は力《ちから》なく歩《ある》いている。グラウンドで転《ころ》んだ足《あし》がズキズキと痛《いた》み、頭《あたま》にはジャイアンにぶん殴《なぐ》られたげんこつの重《おも》みが残《のこ》っている。

予想通《よそうどお》りに三振《さんしん》やエラーを重《かさ》ねて、宣言《せんげん》どおりにジャイアンから鉄拳制裁《てっけんせいさい》を受《う》けたのだ。

あ〜あ、どうしてぼくはいつもこうなんだろう……。

落《お》ち込《こ》んだのび太《た》の頭《あたま》の中《なか》に、ぐるぐるとマイナスな思考《しこう》がめぐっている。先生《せんせい》に怒《おこ》られ、しずかに断《ことわ》られ、野球《やきゅう》をすれば失敗《しっぱい》ばかり……。すべてが自分《じぶん》のせいとは言《い》わないが、春休《はるやす》みの始《はじ》まりに、いいことが一《ひと》つも起《お》きていないのも事実《じじつ》だ。

『やっぱり何《なに》をやってもダメなやつ、ヒヒヒ』

ジャイアンにボコボコにされてもうろうとした頭《あたま》のなか、スネ夫《お》がたたいた軽口《かるくち》の声《こえ》が響《ひび》く。

そうだよな、ぼくは何《なに》をやってもダメなんだよな。もっとしっかりしなきゃ……。

のび太《た》はますます落《お》ち込《こ》んで、足取《あしど》り重《おも》く我《わ》が家《や》へ入《はい》っていく。そのままとぼとぼと2階《かい》に向《む》かう階段《かいだん》に足《あし》をかけようとしたとき、居間《いま》へつづくふすまが開《あ》いた。

「おかえりなさい」

穏《おだ》やかな声《こえ》でのび太《た》のママが声《こえ》をかけた。それは優《やさ》しいように見《み》えて、何《なに》かを見透《みす》かしているような声《こえ》だった。

「今日《きょう》、テスト返《かえ》ってくるんじゃなかった？」

ママはテストのことを知《し》っていた。そして家《いえ》へ帰宅《きたく》したばかりののび太《た》を捕《つか》まえなければ、テストを隠《かく》されるおそれがあることもわかっていた。

のび太《た》は首《くび》をふって、あわてて後《あと》ずさりする。

「え？　いやあ、返《かえ》ってきてないけど？　あはは……」

無駄《むだ》な抵抗《ていこう》かもしれないとわかっていても、ごまかすほかなかった。ここで答案《とうあん》を見《み》せたら、2

時間以上《じかんいじょう》のお説教《せっきょう》コースは確定《かくてい》だ。春休《はるやす》みじゅう、毎日《まいにち》の勉強《べんきょう》を申《もう》し渡《わた》されることも間違《まちが》いない。

ママはそれ以上《いじょう》、追撃《ついげき》してこなかった。のび太《た》はそそくさと階段《かいだん》を2階《かい》へと駆《か》けあがっていく。

今《いま》すぐにでも、テストをなんとかしなきゃ……！

そんな時《とき》に頼《たよ》れるのは一人《ひとり》だけ。それは……。

のび太《た》は自室《じしつ》のドアノブに手《て》をかけて開《あ》ける。中《なか》にいるはずの頼《たよ》れる存在《そんざい》の名《な》を呼《よ》ぼうとしたその時《とき》だった。

「南《みなみ》の島《しま》！」
と、部屋《へや》から大声《おおごえ》が聞《き》こえた直後《ちょくご》、
ゴオオオオオッ！
凄《すさ》まじい音《おと》が部屋《へや》のなかから聞《き》こえてきた。同《どう》
時《じ》に冷《つめ》たい暴風《ぼうふう》と、大《おお》きな雪《ゆき》のかたまりがのび太《た》
の顔《かお》に襲《おそ》いかかる。一瞬《いっしゅん》のことで何《なに》が起《お》きたか
わからなかった。
その瞬間《しゅんかん》、吹雪《ふぶき》に交《ま》じってさらに雪《ゆき》だるまの
ようなものがこちらへ転《ころ》がってきた。

その表面《ひょうめん》は雪《ゆき》まみれだが青《あお》く、「うわぁぁぁっ！」と間抜《まぬ》けな声《こえ》を上《あ》げて、のび太《た》が入《はい》ってきたドアに直撃《ちょくげき》する。

ふにゅ！　とおかしな音《おと》ともつかない声《こえ》を上《あ》げて、雪《ゆき》だるまは頭《あたま》をゆっくりと回《まわ》した。どうやら衝撃《しょうげき》で立《た》ちくらみが起《お》きたようだ。だが首《くび》を振《ふ》って意識《いしき》を取《と》りもどし、雪《ゆき》だるまは部屋《へや》の真《ま》ん中《なか》へ直進《ちょくしん》を始《はじ》めた。

その先《さき》には大《おお》きなドアが置《お》かれていた。ピンク色《いろ》のドアだったが、今《いま》は大《おお》きく開《ひら》きっぱなしになっている。不思議《ふしぎ》なことに、そのドアの向《む》こうから大量《たいりょう》の吹雪《ふぶき》が舞《ま》い込《こ》んできている。雪《ゆき》だるまは吹雪《ふぶき》をかいくぐりながらドアに近《ちか》づいて、扉《とびら》を力任《ちからまか》せに閉《し》めていく。氷《こおり》のついたドアからギギギと鈍《にぶ》い音《おと》が鳴《な》って、ようやくバタンと扉《とびら》が閉《と》じられた。

吹雪《ふぶき》が止《や》んで部屋《へや》に静《しず》けさが訪《おとず》れる。

「もう、何《なに》やってるの？」

のび太《た》の声《こえ》に、青《あお》い雪《ゆき》だるまは振《ふ》り返《かえ》りもせず、がっくりと頭《あたま》を落《お》としてつぶやいた。

「ひみつ道具《どうぐ》の整理中《せいりちゅう》。う〜ん、やっぱりこの〝どこでもドア〟はもう寿命《じゅみょう》だなぁ。あとはこれと、これもダメ……」

と、うなだれながら部屋《へや》を埋《う》め尽《つ》くすおかしな道具類《どうぐるい》に目《め》をうつしつつ、振《ふ》り返《かえ》る。

青《あお》い雪《ゆき》だるまは、のび太《た》の家《いえ》で一緒《いっしょ》に暮《く》らしているロボットだった。

その名《な》はドラえもん。二十二世紀《にじゅうにせいき》の未来《みらい》から来《き》たネコ型《がた》ロボットで、のび太《た》のお世話《せわ》をするのが役割《やくわり》だ。青《あお》い大《おお》きな頭《あたま》に大《おお》きな目《め》、その下《した》には赤《あか》い団子《だんご》っ鼻《ぱな》とさらに大《おお》きな口《くち》が開《あ》いている。鼻《はな》の横《よこ》には左右《さゆう》3本《ぼん》ずつのヒゲが生《は》えており、かろうじてネコであることがうかがえる。そしてこちらもネコっぽく、鈴《すず》が首《くび》に掛《か》けられており、頭《あたま》と同《おな》じくらいの大《おお》きさの胴体《どうたい》からは多少《たしょう》短《みじか》めの手足《てあし》が伸《の》びていた。そしておなかには半月型《はんげつがた》の白《しろ》いポケットがちょこんと添《そ》えられている。

「やっぱりドラえもんの道具《どうぐ》は、ガラクタばっかりだなあ。旧型《きゅうがた》を買《か》うからだよ」

のび太《た》はあきれながら、ドラえもんに声《こえ》をかけた。

部屋《へや》に置《お》かれている道具類《どうぐるい》は、すべてドラえもんのおなかのポケットから出《で》てきたものだった。

〝四次元《よじげん》ポケット〟という名《な》の不思議《ふしぎ》なポケットの中《なか》には、たくさんの未来《みらい》の道具《どうぐ》が入《はい》っている。

ドラえもんはこの道具《どうぐ》を使《つか》って、誰《だれ》かの願《ねが》いをかなえたり、トラブルを解決《かいけつ》したり、多《おお》くの人《ひと》を助《たす》けてきた。反対《はんたい》にこれらの道具自体《どうぐじたい》がトラブルの原因《げんいん》になることもあるが……。

自慢《じまん》の道具《どうぐ》をまとめて旧型《きゅうがた》呼《よ》ばわりされ、ドラえもんは眉《まゆ》をひそめる。

「大《おお》きなお世話《せわ》だ。仕方《しかた》ない。全部《ぜんぶ》リサイクルに出《だ》すか」

思《おも》い当《あ》たるふしはあったのだろう。なにしろ先《さき》ほどの〝どこでもドア〟はどう見《み》ても調子《ちょうし》が悪《わる》かった。目的《もくてき》の場所《ばしょ》を告《つ》げれば、瞬時《しゅんじ》にその場所《ばしょ》とつながることができる道具《どうぐ》なのに、「南《みなみ》の島《しま》！」と告《つ》げても、つながったのは猛吹雪《もうふぶき》が荒《あ》れくるう場所《ばしょ》だった。まったくの正反対《せいはんたい》だ。

ドラえもんはポケットに手《て》を入《い》れて中《なか》をまさぐり、何《なに》かを取《と》り出《だ》した。

「〝四次元《よじげん》ゴミ袋《ぶくろ》〟！」

うすい水色《みずいろ》のポリ袋《ぶくろ》のようで、表面《ひょうめん》におかしなマークが描《えが》かれている。見《み》たことのない道具《どうぐ》だ、とのび太《た》は思《おも》った。

「そのゴミ袋《ぶくろ》は？」

「使《つか》い終《お》わった物《もの》を四次元空間《よじげんくうかん》のゴミ置《お》き場《ば》に置《お》いておける。入《い》れられるゴミの量《りょう》は決《き》まっているし、ちゃんと分別《ぶんべつ》しないといけないけどね」

言《い》いながらドラえもんは〝四次元《よじげん》ゴミ袋《ぶくろ》〟の口《くち》を〝どこでもドア〟へ向《む》けた。〝どこでもドア〟はまるでコンニャクのようにグニャリと形《かたち》を変《か》えて、袋《ふくろ》の中《なか》へ吸《す》い込《こ》まれていく。文字通《もじどお》り〝どこでもドア〟は跡形《あとかた》もなく消《き》えてしまった。
その様子《ようす》を見《み》て、のび太《た》は何《なに》か思《おも》いついたよう
だ。自分《じぶん》のランドセルの中《なか》にも、ちょうど跡形《あとかた》も
なく消《け》してしまいたいものが入《はい》っている。
一方《いっぽう》のドラえもんは、しゃがみ込《こ》んでひみつ道《どう》
具《ぐ》の片付《かたづ》けをつづけていた。
包《つつ》んだものの時間《じかん》を過去《かこ》や未来《みらい》へ動《うご》かす〝タイム
ふろしき〟や、どんな病気《びょうき》でもたちどころに治《なお》し
てしまう〝お医者《いしゃ》さんカバン〟、本物《ほんもの》と見《み》まがう

リアルな映像《えいぞう》を周《まわ》りに映《うつ》し出《だ》す〝立体映像機《りったいえいぞうき》〟、思《おも》い出《で》をお金《かね》に換《か》える〝メモリーローン〟など、変《か》わった道具《どうぐ》の数々《かずかず》が部屋《へや》に散乱《さんらん》している。

「ドラえもん」

のび太《た》はドラえもんの背中《せなか》に声《こえ》をかけた。

「ぼくがやっといてあげるよ。ドラえもんは散歩《さんぽ》でもしてきたら？」

ドラえもんは手《て》を止《と》めて振《ふ》り返《かえ》る。目《め》の前《まえ》でのび太《た》はニタニタと笑《わら》っている。

「いいの？　のび太《た》くんにしては気《き》が利《き》くなあ」

ドラえもんはその不自然《ふしぜん》な笑《え》みには触《ふ》れず、嬉《うれ》しそうに立《た》ち上《あ》がった。

「じゃあせっかくだから、こないだ知《し》り合《あ》ったアメショーのモモちゃんとおしゃべりでもしてこようかな」

アメショーとはアメリカンショートヘアの略《りゃく》であり、ネコの種類《しゅるい》だ。ドラえもんにはネコのガールフレンドが近所《きんじょ》に何匹《なんびき》かいるのだ。

デレデレした顔《かお》でドラえもんは部屋《へや》を出《で》ていく。

「それじゃ、あとよろしく〜」

ドラえもんが廊下《ろうか》の向《む》こうへ消《き》えた瞬間《しゅんかん》、のび太《た》はすばやく背中《せなか》に隠《かく》し持《も》っていたテストの答案《とうあん》を取《と》り出《だ》した。そしてそのまま〃四次元《よじげん》ゴミ袋《ぶくろ》〃の口《くち》に近《ちか》づける。のび太《た》の思惑《おもわく》どおり、赤《あか》ペンで書《か》かれた〃0〃の文字《もじ》が四次元《よじげん》の彼方《かなた》へ消《き》えていく。

その瞬間《しゅんかん》、

「のび太《た》くん！」

鋭《するど》い声《こえ》が部屋《へや》の入《い》り口《ぐち》から聞《き》こえた。先《さき》ほど出《で》て行《い》ったはずのドラえもんが、厳《きび》しい顔《かお》でのび太《た》を睨《にら》みつけている。

「今《いま》、何《なに》を捨《す》てた！」

ドラえもんはズンズンとこちらへ向《む》かってくる。身長《しんちょう》129・3センチメートル、体重《たいじゅう》129・3キログラムの巨体《きょたい》が迫《せま》ってくるとなかなかの迫力《はくりょく》だ。

「な、何《なに》も捨《す》ててないよ！　ドラえもんのガラク夕を捨《す》ててあげようと……」

のび太《た》はあわてて〝四次元《よじげん》ゴミ袋《ぶくろ》〟を後《うし》ろ手《で》に隠《かく》した。

「君《きみ》が親切《しんせつ》になるときは悪《わる》だくみをするときだけだ！　どうせ0点《てん》のテストでも捨《す》てたんだろ！」

ドラえもんは最初《さいしょ》からのび太《た》の企《たくら》みに気《き》づいていたらしい。怖《こわ》い顔《かお》で〝四次元《よじげん》ゴミ袋《ぶくろ》〟を取《と》り返《かえ》してポケットにしまう。のび太《た》は反論《はんろん》した。

「0点《てん》だけじゃないやい！　10点《てん》も15点《てん》もあるや

い！」

本人《ほんにん》にとっては大《おお》きな違《ちが》いだったかもしれないが、ドラえもんはそういう問題《もんだい》じゃない、というようにのび太《た》に顔《かお》を近《ちか》づける。

「やっぱりそうじゃないか！　君《きみ》ってやつはいつもいつも！　もっとしっかりしたらどうなんだ！」

「！」

先《さき》ほどのび太《た》が心《こころ》の内《うち》で思《おも》っていたことを指摘《してき》され、のび太《た》は思《おも》わず声《こえ》を荒《あら》らげた。

「ぼくだって優等生《ゆうとうせい》に生《う》まれたかったさ！　だいたいぼくをしっかりさせるのが、ドラえもんの役目《やくめ》じゃないか！　このダメロボット！」

強烈《きょうれつ》な悪口《わるぐち》を放《はな》つものの、ドラえもんはまったく怯《ひる》まない。

「人《ひと》のせいにするな！　このダメ小学生《しょうがくせい》！」

「なんだと！」

「なんだ〜！」

二人《ふたり》は顔《かお》をつきあわせてにらみ合《あ》い、大声《おおごえ》で怒《ど》鳴《な》り合《あ》う。そんな二人《ふたり》の大声《おおごえ》が1階《かい》に届《とど》いて、「静《しず》かにしなさい！」とママが怒鳴《どな》り込《こ》んでくるまで、1分《ぷん》とかからなかった。

＊　＊　＊

澄《す》み切《き》った青空《あおぞら》の真《ま》ん中《なか》を、1機《き》のジャンボ機《き》がまっすぐに飛行機雲《ひこうきぐも》をひいていく。

そんな平和《へいわ》な空《そら》を、のび太《た》は草原《そうげん》に寝《ね》そべって見上《みあ》げていた。

ここは学校《がっこう》の裏山《うらやま》であり、のび太《た》の秘密《ひみつ》の場所《ばしょ》でもある。つらいことやイヤなことがあると、ここに来《き》てのんびりと過《す》ごして心《こころ》を休《やす》め、気分転換《きぶんてんかん》をするのだ。

ドラえもんとケンカして気持《きも》ちの晴《は》れないのび太《た》は、大《おお》きくため息《いき》をついた。

「あ〜あ、ユートピアが本当《ほんとう》にあったらなあ……」

のび太《た》は出木杉《できすぎ》の話《はなし》を思《おも》い出《だ》す。苦《くる》しみや悲《かな》しみ、争《あらそ》いもまったくない楽園《らくえん》——今《いま》はそんな場所《ばしょ》に行《い》きたい気分《きぶん》だった。

しかし夢見《ゆめみ》がちな思考《しこう》は長《なが》くは続《つづ》かない。のび太《た》はお得意《とくい》の昼寝《ひるね》に入《はい》りかけ、目《め》を閉《と》じてウトウトし始《はじ》める。

気持《きも》ち良《よ》さそうにスゥと寝息《ねいき》を立《た》てていた安眠《あんみん》を妨《さまた》げたのは、1匹《ぴき》の虫《むし》だった。

青《あお》い色《いろ》の虫《むし》は顔《かお》の周《まわ》りを羽音《はおと》を立《た》てて飛《と》び回《まわ》り、やがて鼻《はな》にとまる。いくら鈍感《どんかん》なのび太《た》でも気《き》づいたのか、目《め》を閉《と》じたまままうっとうしそうに虫《むし》をはらった。しかし虫《むし》は何度《なんど》でもしつこく鼻《はな》にとまってくる。

「もう、しつこい虫《むし》だなあ……」

さすがにのび太《た》も目《め》を開《ひら》き、虫《むし》をつまんで目《め》の前《まえ》にかかげた。

「ん？」

そのとき、のび太《た》は何《なに》かに気《き》づいた。

青《あお》い虫《むし》の向《む》こうの晴天《せいてん》の大空《おおぞら》に、何《なに》か不思議《ふしぎ》なものが浮《う》いている。それは金色《きんいろ》の巨大《きょだい》な三日月《みかづき》のようなものだった。

月《つき》……？

しかし今《いま》は夜《よる》ではない。昼間《ひるま》に見《み》える月《つき》もあるにはあるが、あれはいつも見《み》ている月《つき》とはまるで違《ちが》う。三日月形《みかづきがた》の何《なに》かは、太陽《たいよう》の光《ひかり》を受《う》けてキラリと輝《かがや》いた。

呆然《ぼうぜん》と見《み》つめたまま、のび太《た》は出木杉《できすぎ》の言葉《ことば》を思《おも》い出《だ》す。

（『ユートピア』は三日月《みかづき》の形《かたち》をした島《しま》でね……）

ひょっとして、あれは……！

のび太《た》は青《あお》い虫《むし》を雑《ざつ》に放《ほう》り投《な》げ、勢《いきお》いをつけて立《た》ち上《あ》がった。

が、その瞬間《しゅんかん》、空《そら》に浮《う》かんだ三日月形《みかづきがた》はまるで黒板消《こくばんけ》しで消《け》されたかのように、サーッと静《しず》かに消《き》えていく。

すべてを見《み》ていたのび太《た》は、「あ……」と声《こえ》をもらす。

「あれ……あれ、あれれ……あれは……！」

のび太《た》は走《はし》り出《だ》していた。一目散《いちもくさん》に坂《さか》を駆《か》け下《お》りながら、先《さき》ほどケンカをしたばかりの友人《ゆうじん》の名《な》を叫《さけ》ぶ。のび太《た》の声《こえ》が裏山《うらやま》に響《ひび》き渡《わた》った。

「ド、ドド、ドドドドドド……ドラえも〜〜ん!!」

02
空《そら》の大冒険《だいぼうけん》へ！

「ユートピアだあああぁぁぁ〜〜〜っ！」

のび太《た》が部屋《へや》へ飛《と》び込《こ》んできたとき、ドラえもんは大口《おおぐち》を開《あ》けて、大好物《だいこうぶつ》のどら焼《や》きにパクつこうとしていたところだった。

「ユートピア？　またわけのわからないことを……」

「三日月形《みかづきがた》の島《しま》が空《そら》に浮《う》かんでたんだ！　お城《しろ》み

たいなのも見《み》えた！　あれはユートピアに間違《まちが》いないよ！」

大《おお》きな身振《みぶ》り手振《てぶ》りで興奮《こうふん》しながら、のび太《た》は訴《うった》える。ドラえもんはその姿《すがた》をどこか冷《さ》めた目《め》で見《み》つめ返《かえ》した。

「島《しま》は海《うみ》に浮《う》かぶもので、空《そら》には浮《う》かばない」

しれっと答《こた》えて、黙々《もくもく》とどら焼《や》きを食《た》べ始《はじ》める。

「んー、それはだから……」

と、目《め》をそらしたのび太《た》は、部屋《へや》につり下《さ》がっている飛行機《ひこうき》の模型《もけい》をちらりと見《み》た。

「ユートピアは空《そら》を飛《と》ぶんだよ！」

のび太《た》は素晴《すば》らしいことを思《おも》いついたつもりだったが、ドラえもんはゆっくりと立《た》ち上《あ》がって、窓《まど》の外《そと》の澄《す》み切《き》った青空《あおぞら》を見上《みあ》げた。

「外《そと》を見《み》てみろ。雲一《くもひと》つない」

「すぐに消《き》えちゃったんだ！　でもたしかに見《み》たんだ！　探《さが》しに行《い》こうよ！」

のび太《た》はあきらめない。なんとしてもユートピアを見《み》つけたいという熱意《ねつい》が伝《つた》わったのか、ドラえもんは目《め》を落《お》としてポケットに手《て》を差《さ》し入《い》れた。

「うーん、たしかに空中都市《くうちゅうとし》伝説《でんせつ》というのも、昔《むかし》から世界中《せかいじゅう》にあるにはあるけど……」

そう言《い》ってポケットから、タブレットのような道具《どうぐ》を取《と》り出《だ》す。

「〝タイム新聞《しんぶん》〟！　ぼくのいた二十二世紀《にじゅうにせいき》のものから、世界《せかい》で一番古《いちばんふる》い中世《ちゅうせい》のものまで、いろんな新聞《しんぶん》から読《よ》みたい記事《きじ》を探《さが》して読《よ》むことができる」

タブレットは手帳《てちょう》のような形《かたち》に広《ひろ》がり、ホログラムが高速《こうそく》でめくれていく。一番最初《いちばんさいしょ》のページにドイツで発刊《はっかん》された世界最初《せかいさいしょ》の日刊新聞《にっかんしんぶん》が表示《ひょうじ》された。

「それが何《なに》?」

「ほんとに空《そら》を飛《と》ぶ三日月形《みかづきがた》の島《しま》なんてものがあるなら、目撃情報《もくげきじょうほう》の一《ひと》つや二《ふた》つ、新聞《しんぶん》に載《の》ってるはずだろ?」

そう言《い》ってドラえもんはのび太《た》に疑《うたが》いの眼差《まなざ》

し《し》を向《む》ける。

「ウソなんかついてないよ！」

「それじゃあ探《さが》してみよう」

と、ドラえもんは三日月形《みかづきがた》の島《しま》についての記事《きじ》を検索《けんさく》し始《はじ》めた。

直後《ちょくご》、ピーンピピピーン！　と音《おと》が鳴《な》って、ホログラムの中《なか》から数枚《すうまい》の新聞記事《しんぶんきじ》が飛《と》び出《だ》し、宙《ちゅう》にふわふわと浮《う》かんだ。どうやら検索結果《けんさくけっか》らしい。

「ほら！　こんなにたくさんあるじゃない！　ユー

トピアは絶対《ぜったい》にあるんだ！」

のび太は嬉《うれ》しそうに記事《きじ》を見《み》つめる。一方《いっぽう》でドラえもんは疑《うたが》わしげな姿勢《しせい》をくずさない。

「うーん、昔《むかし》の記事《きじ》ばかり。なんだかどれもうさんくさいなぁ」

「信《しん》じられないなら、行《い》ってみようよ！」

しかし、ドラえもんはまだ納得《なっとく》がいかない様子《ようす》だ。

「むむ、何《なに》かの見間違《みまちが》いだと思《おも》うけどなぁ……。風船《ふうせん》とか飛行船《ひこうせん》とか……」

「飛行船《ひこうせん》……!?」

のび太《た》がドラえもんの言葉《ことば》に反応《はんのう》した。

「それいい！　飛行船《ひこうせん》でユートピアを探《さが》しに行《い》こうよ！　いろんな時代《じだい》の大空《おおぞら》をゆうゆうと飛《と》んでさぁ……」

両手《りょうて》を翼《つばさ》のように広《ひろ》げながら、飛行機《ひこうき》のポーズをとってくるりと振《ふ》り返《かえ》る。しかしふと何《なに》か思《おも》いついたように動《うご》きを止《と》めた。

「あ、でも……ドラえもんじゃムリか」

その言葉《ことば》にドラえもんは「ん？」と目《め》を向《む》ける。

「いつもガラクタばっかりだもんなぁ。飛行船《ひこうせん》なんか高《たか》いだろうしねえ。うん、ムリだ、ムリだ」

のび太《た》は自分《じぶん》を納得《なっとく》させるように何度《なんど》もうなずく。

が、それはのび太《た》の作戦《さくせん》だった。こうしてわざと憎《にく》まれ口《ぐち》をきくことで、ドラえもんが挑発《ちょうはつ》に乗《の》ってくるのを狙《ねら》っていたのだ。

案《あん》の定《じょう》、怒《いか》りをため込《こ》んだドラえもんはまんまとのび太《た》の作戦《さくせん》にはまった。

「ぬ、ぬ、ぬ……！　ムリなもんか〜っ！」

その返事《へんじ》にのび太《た》がにんまりと笑《わら》ったのは、言《い》うまでもない。

＊＊＊

「ユートピアを探《さが》しに？」

しずかは怪訝《けげん》に尋《たず》ねた。微笑《ほほえ》んではいるが、半《はん》信半疑《しんはんぎ》なことがどことなくわかる。ただのび太《た》は、自分《じぶん》が目撃《もくげき》した事実《じじつ》を信《しん》じ切《き》っていた。

「そう！　ぼくは見《み》た！　絶対《ぜったい》にユートピアはある！　きっといろんな時代《じだい》の空《そら》を自由《じゆう》に飛《と》んでるんだ！」

拳《こぶし》をかたく握《にぎ》って力説《りきせつ》するが、しずかはやはりまだ信《しん》じられない様子《ようす》だ。

「でもテストの復習《ふくしゅう》が……」

はっきりしない態度《たいど》のしずかに、のび太《た》は奥《おく》の手《て》を出《だ》す。

「んもう、強情《ごうじょう》だなあ。今《いま》ドラえもんが飛行船《ひこうせん》を用意《ようい》してくれてるんだ！」

「飛行船《ひこうせん》？」

「うん！　それで大空《おおぞら》を冒険《ぼうけん》しようよ！　楽《たの》しいよ！」

大空《おおぞら》、冒険《ぼうけん》、という言葉《ことば》にしずかの心《こころ》が動《うご》いた。

「じゃあ……ちょっとだけ……」

はにかむようにしずかが微笑《ほほえ》むと、のび太《た》は同《おな》じように笑《わら》う。が、その直後《ちょくご》、あまり聞《き》きたくない声《こえ》が後《うし》ろから聞《き》こえた。

「大空《おおぞら》の大冒険《だいぼうけん》か」

のび太《た》がギクッとして振《ふ》り返《かえ》ると、そこにはジャイアンとスネ夫《お》が立《た》っていた。野球《やきゅう》をしていた帰《かえ》りなのか、二人《ふたり》はバットとグローブを抱《かか》えている。どうやらすべて話《はなし》を聞《き》かれていたようで、ニヤニヤと笑《わら》いながらのび太《た》を見《み》やる。

スネ夫《お》が進《すす》み出《で》て、いつもの口調《くちょう》で言《い》った。

「仕方《しかた》ない。ぼくたちが一緒《いっしょ》に行《い》ってあげよう！」

頼《たの》んではいないのだけど、と答《こた》える気《き》にもなれず、のび太《た》はため息《いき》をついた。

「いっつもこうだ……」

＊　＊　＊

のび太《た》のママは、帰宅《きたく》したばかりですぐ出《で》かけようとする息子《むすこ》の言葉《ことば》に首《くび》をかしげた。

「勉強《べんきょう》の合宿《がっしゅく》？」

「うん、スネ夫《お》の別荘《べっそう》でやることになったんだ」

のび太《た》はリビングに座《すわ》っているママに向《む》かって話《はな》す。さらりとウソをついているようだが、ユートピアの探索《たんさく》もある意味《いみ》では勉強《べんきょう》と言《い》えるので、半分《はんぶん》は本当《ほんとう》のことだ。

「ぼくも一緒《いっしょ》に行《い》くから心配《しんぱい》しないで」

ドラえもんが後《うし》ろから助《たす》け船《ぶね》を出《だ》した。するとママも少《すこ》しは安心《あんしん》したのか、ホッとしたように小《ちい》さく息《いき》をついた。

とっとと出《で》かけてしまった方《ほう》が良《よ》さそうだ。

「いってきま～す！」

のび太《た》はリュックを担《かつ》ぎ直《なお》して、玄関《げんかん》に向《む》けて歩《ある》き出《だ》した。

「あ、ちょっと……気《き》をつけるのよ～！」

タイミングを逸《いっ》したのか、ママはのび太《た》の背中《せなか》に向《む》けて声《こえ》をかける。

まったく……。

いつものことだが、急《きゅう》に出《で》かけていく息子《むすこ》の姿《すがた》に、どこか心配《しんぱい》な気持《きも》ちと気持《きも》ちよく送《おく》り出《だ》してあげたい気持《きも》ちとが入《い》り交《ま》じる。

まあドラちゃんがいれば安心《あんしん》だわ……。

そう考《かんが》えることにして、ママは小《ちい》さくうなずいた。と、そのとき、庭《にわ》の方《ほう》からパラパラと雨音《あまおと》が聞《き》こえた。反射的《はんしゃてき》に立《た》ち上《あ》がって、サッシをからからと開《あ》ける。庭《にわ》に洗濯物《せんたくもの》が干《ほ》しっぱなしなのだ。

一歩《いっぽ》踏《ふ》み出《だ》したママは、空《そら》を見上《みあ》げてつぶやく。

「こんなに晴《は》れてるのに、雨《あめ》なんて……」

ふと良《よ》くない予感《よかん》がよぎったが、それがのび太《た》のことでなければいい。ママは心《こころ》の中《なか》でそう思《おも》った。

＊　＊　＊

天気雨《てんきあめ》は裏山《うらやま》にもうっすらと降《ふ》っていた。

そこだけ木《き》が生《は》えておらず、広場《ひろば》のようになっている場所《ばしょ》で、のび太《た》としずか、ジャイアン、スネ夫《お》の四人《よにん》は傘《かさ》を差《さ》すでもなくたたずんでいた。

「あーはいはい、ここへ直接配達《ちょくせつはいたつ》してください。よろしく～」

四人《よにん》の隣《となり》で、ドラえもんが通信機《つうしんき》に向《む》かって何《なに》か話《はな》している。

「ドラえもん、飛行船《ひこうせん》は？」

のび太《た》が尋《たず》ねた。ジャイアンやスネ夫《お》も「どこだよ」と言《い》った様子《ようす》で辺《あた》りを見回《みまわ》している。

「まあ見《み》てな」

ドラえもんが空《そら》を見上《みあ》げると、一同《いちどう》もつられて見上《みあ》げた。

のび太《た》の視線《しせん》の先《さき》、天気雨《てんきあめ》の青空《あおぞら》にシューンと音《おと》がしてタイムホールが開《ひら》いていく。風《かぜ》を切《き》るプロペラ音《おん》が聞《き》こえて、タイムホールの奥《おく》に巨大《きょだい》な物体《ぶったい》が見《み》え始《はじ》めた。

やがて底面《ていめん》のゴンドラが静《しず》かに降下《こうか》し、そのまま気球《ききゅう》部分《ぶぶん》も顔《かお》をのぞかせる。その全貌《ぜんぼう》が見《み》えて飛行船《ひこうせん》とわかると、のび太《た》は期待《きたい》と喜《よろこ》びに満《み》ちた目《め》を輝《かがや》かせる。

巨大《きょだい》な飛行船《ひこうせん》はゴンドラ部分《ぶぶん》の底《そこ》についているクッションを支《ささ》えに、ゆっくりと裏山《うらやま》に着陸《ちゃくりく》した。

ドラえもんが叫《さけ》ぶ。

「〝タイムワープ機《き》能《のう》付《つ》き飛《ひ》行《こう》船《せん》、タイムツェッペリン〟！」

「すげぇ！」

「かっこいい！」

「ちょっとかわいいかも！」

「さすがドラえもん！　やればできる！」

のび太《た》たちは興《こう》奮《ふん》してドラえもんを見《み》やる。ドラえもんじゃムリか、と言《い》われた面《めん》目《もく》躍《やく》如《じょ》、ドラえもんは嬉《うれ》しそうに頬《ほお》を染《そ》める。

ウィーンと音《おと》がして、ゴンドラの後部《こうぶ》のハッチが開《あ》いた。昇降用《しょうこうよう》のスロープを歩《ある》いて、地面《じめん》に降《お》り立《た》ったのは人型《ひとがた》のロボットだった。どこかコミカルな雰囲気《ふんいき》で、背広《せびろ》に大《おお》きな蝶《ちょう》ネクタイをつけ、頭《あたま》に帽子《ぼうし》を被《かぶ》っている。

「ども！　やぁやぁ、あなたがドラえもんさん？　このたびはお買《か》い上《あ》げ、まことにありがとうございます」

軽薄《けいはく》そうなノリでロボットはぺこりと頭《あたま》を下《さ》げた。この飛行船《ひこうせん》を届《とど》けに来《き》た配達員《はいたついん》のようだ。どうやら先《さき》ほどドラえもんは、〝タイム電話《でんわ》〟を使《つか》って未来《みらい》と通信《つうしん》をしていたらしい。

「いえいえ」

ドラえもんが軽《かる》く会釈《えしゃく》すると、配達員《はいたついん》ロボットはタイムツェッペリンを振《ふ》り返《かえ》った。

「いやしかし、いくら大幅値下《おおはばねさ》げ中《ちゅう》だったとはいえ、まさかこんなにマニアックな中古品《ちゅうこひん》を買《か》ってくださる方《かた》が本当《ほんとう》にいらっしゃるとは思《おも》いませんでした。ま、おかげでこちらとしては大助《おおだす》かりなんですがね。アッハッハ！」

営業《えいぎょう》トークのようによどみなく話《はな》すが、その中身《なかみ》がドラえもんは気《き》に障《さわ》ったらしい。ムッとした顔《かお》でロボットを睨《にら》みつける。

「あ、こりゃ失礼《しつれい》。ささ、こんなところで立《た》ち話《ばなし》もなんですから、中《なか》へどうぞ」

ロボットは軽《かる》く謝《あやま》って、ごまかすように中《なか》へ促《うなが》す。

「調子《ちょうし》のいいやつだなあ」

「行《い》ってみようよ」

ドラえもんとのび太《た》たちは後《あと》につづいた。


タイムツェッペリンの内部《ないぶ》は、まさしく飛行船《ひこうせん》そのものだった。

ゴンドラの前方《ぜんぽう》には操縦室《そうじゅうしつ》があり、正面《しょうめん》に大《おお》きな窓《まど》、そして左右《さゆう》の壁《かべ》にモニターやレバーが備《そな》え付《つ》けられている。中央《ちゅうおう》には大《おお》きな舵輪《だりん》があって、これで飛行船《ひこうせん》の方向《ほうこう》を制御《せいぎょ》するらしい。舵輪《だりん》はレーダーと一体化《いったいか》していて、頭上《ずじょう》の大《おお》きなモニターと、正面《しょうめん》のメインレーダーを見《み》ながら操縦《そうじゅう》するとのことだ。

「なんだか本格的《ほんかくてき》だね！」

のび太《た》が計器類《けいきるい》を見《み》ながら嬉《うれ》しそうに言《い》う。

「中《なか》は意外《いがい》とレトロな見《み》た目《め》なんだよなぁ」

ドラえもんのつぶやきに、スネ夫《お》が反応《はんのう》した。

「それはいいけど……ちょっと狭《せま》くない？」

たしかにスネ夫《お》の言《い》うとおり、ゴンドラは五人《ごにん》と配達員《はいたついん》ロボットが入《はい》ると隙間《すきま》がほとんどない。この状態《じょうたい》で長旅《ながたび》をするのは難《むずか》しいだろう。

「まあ基本的《きほんてき》にここは操縦《そうじゅう》するための部屋《へや》ですから」

と言《い》って、配達員《はいたついん》ロボットは「ほいっと」と壁《かべ》のレバーを下《お》ろした。

すると天井《てんじょう》の一部《いちぶ》がウィーンと開《ひら》いて、長《なが》いパイプが伸《の》びてきた。パイプが床《ゆか》に下《お》りきると同《どう》時《じ》に、それが支柱《しちゅう》となって人一人《ひとひとり》が乗《の》れるほどの板《いた》が自動的《じどうてき》に上下《じょうげ》に動《うご》き始《はじ》める。さながら簡易《かんい》エレベーターのようだ。

「他《ほか》のお部屋《へや》もいろいろとあるようでございますよ。こちらのエレベーターから上《あ》がれますので、お一人《ひとり》ずつ続《つづ》いてください」

そう告《つ》げるとロボットは板《いた》の上《うえ》に乗《の》って、ゆっくりと上《のぼ》っていった。

「乗《の》ってみなよ」

ドラえもんがのび太《た》へ促《うなが》し、のび太《た》は板《いた》に乗《の》ってみる。板《いた》が動《うご》いて、のび太《た》の体《からだ》は天井《てんじょう》の先《さき》に吸《す》い込《こ》まれていった。薄暗《うすぐら》いシャフトの中《なか》を通《とお》り、のび太《た》は上《うえ》の階《かい》へたどり着《つ》いた。背後《はいご》の扉《とびら》が開《あ》く。振《ふ》り返《かえ》ったのび太《た》は、その光景《こうけい》に思《おも》わず息《いき》をのんだ。

そこは広々《ひろびろ》とした空間《くうかん》だった。位置《いち》としては気球《ききゅう》部分《ぶぶん》にあたるのだろう。壁《かべ》から天井《てんじょう》にかけて美《うつく》しい曲線《きょくせん》の骨組《ほねぐ》みに、薄《うす》い気球《ききゅう》の皮膜《ひまく》が張《は》ってある。

光《ひかり》を取《と》り込《こ》んでいるのか、まるで外《そと》にいるような明《あか》るさだ。

何《なに》より驚《おどろ》いたのは、エレベーターシャフトを中心《ちゅうしん》に前後《ぜんご》に広《ひろ》い通路《つうろ》が延《の》びていて、通路《つうろ》の側《そば》には大小様々《だいしょうさまざま》な家《いえ》や街灯《がいとう》が並《なら》んでおり、ちょっとした町並《まちな》みのようになっていたことだった。家《いえ》は温《ぬく》もりを感《かん》じる木造《きづく》りで、かわいらしい山型《やまがた》の屋根《やね》が町《まち》を彩《いろど》っている。

「おお〜っ」

後《あと》につづいてやってきたドラえもんたちも、のび太《た》と同《おな》じように感嘆《かんたん》の声《こえ》をあげる。驚《おどろ》いている五人《ごにん》を見《み》て、ロボットは笑顔《えがお》で説明《せつめい》を始《はじ》めた。

「この気球《ききゅう》の中《なか》は四次元空間《よじげんくうかん》になっておりまして、なんでも二十世紀初期《にじっせいきしょき》に世界一周《せかいいっしゅう》したドイツの硬式飛行船《こうしきひこうせん》をモデルにしたらしいですな」

「今度《こんど》はちょっと広《ひろ》すぎない……？」

呆然《ぼうぜん》と見上《みあ》げているスネ夫《お》の隣《となり》で、ジャイアンは嬉《うれ》しそうに「おい、ここレストランか？」と尋《たず》ねる。

「ああ、いえいえ。食事用《しょくじよう》の部屋《へや》があるだけです。ベッドルームやなんかも、外側《そとがわ》はドイツ風《ふう》にデザインされているようですが、いやはや私《わたし》にはよくわからない趣味《しゅみ》ですなぁ」

ロボットは町並《まちな》みを眺《なが》めて、肩《かた》をすくめた。またもや飛行船《ひこうせん》にケチをつけられ、ドラえもんはムッと顔《かお》をしかめる。

「お風呂《ふろ》もあるの？」

「シャワー室《しつ》でしたらあちらにございます」

しずかとロボットの会話《かいわ》を耳《みみ》に入《い》れながら、のび太《た》は自分《じぶん》たちが乗《の》ってきたエレベーターシャフトを見上《みあ》げた。シャフトはまだ上《うえ》へと延《の》びている。

「もっと上《うえ》まで続《つづ》いてそう……」

「上《うえ》にも何《なに》かあるの？」

ドラえもんはロボットに尋《たず》ねた。

「展望室《てんぼうしつ》がありますよ。狭《せま》いですけど」

どうもこのロボットは一言多《ひとことおお》いようだ。ドラえもんが完全《かんぜん》に気分《きぶん》を害《がい》した顔《かお》を向《む》けるが、ロボットはおかまいなしに、カバンからタブレットのような物《もの》を出《だ》して、ドラえもんに手渡《てわた》した。

「さて、私《わたし》はそろそろおいとまします。詳《くわ》しいことはこちらの説明書《せつめいしょ》に書《か》いてありますので。それと……はいこれ、おまけです」

と、ロボットは透明《とうめい》な小袋《こぶくろ》をドラえもんに渡《わた》す。

「使《つか》い方《かた》はついでにその説明書《せつめいしょ》に入《い》れておきました。なに、売《う》れ残《のこ》りの飛行船《ひこうせん》を買《か》っていただいた、ほんのお礼《れい》ですよ」

やっぱりこのロボットは二言《ふたこと》も三言《みこと》も多《おお》い。せっかく買《か》ったものを「狭《せま》い」だの「売《う》れ残《のこ》り」だの言《い》われて、さすがのドラえもんも声《こえ》を荒《あら》らげた。

「んもう、用《よう》が済《す》んだならさっさと帰《かえ》ってよ！」

「ああ、こりゃ失礼《しつれい》。在庫《ざいこ》が売《う》れるとつい余計《よけい》なことを言《い》ってしまうのが、私《わたし》の唯一《ゆいいつ》の欠点《けってん》でして、なはは……」

ロボットは口《くち》を押《お》さえて照《て》れる。自分《じぶん》で唯一《ゆいいつ》と言《い》ってしまうあたりも、どこかずうずうしい。

ぽかんと見《み》ているのび太《た》たちをよそに、ロボットは「では私《わたし》はこれで」と頭《あたま》を下《さ》げて、空間《くうかん》に作《つく》ったタイムホールに入《はい》っていく――と思《おも》ったら、サッと踵《きびす》を返《かえ》してドラえもんに歩《あゆ》み寄《よ》り、顔《かお》をぐぐっと近《ちか》づけた。

「ローンのお支払《しはら》いは毎月《まいつき》きっちりお願《ねが》いしますね」

打《う》って変《か》わったその迫力《はくりょく》にドラえもんも少々《しょうしょう》ひるむ。

「は、はい……」

　すると「ではでは～」と先《さき》ほどまでの笑顔《えがお》に戻《もど》って、ロボットはタイムホールに飛《と》び込《こ》んでいった。

　タイムホールが消《き》えたのを見届《みとど》けると、のび太《た》が声《こえ》を上《あ》げる。

「よーし、じゃあさっそく出発《しゅっぱつ》しようよ！」

「ちょっと待《ま》って、いま説明書《せつめいしょ》を読《よ》むから……。これ持《も》ってて」

　ドラえもんは冷静《れいせい》にタブレットをのぞき込《こ》む。

のび太《た》は受《う》け取《と》った小袋《こぶくろ》に目《め》を移《うつ》した。ロボットからおまけでもらったものだ。

「〝インスタント飛行機《ひこうき》セット〟……？」

小袋《こぶくろ》の中《なか》には色《いろ》とりどりの小《ちい》さな飛行機《ひこうき》が入《はい》っていた。のび太《た》は袋《ふくろ》をバリッと開《あ》ける。

「インスタント？　お湯《ゆ》でもかけるのか？」

「違《ちが》うんじゃない？」

「見《み》せてみろよ」

ジャイアンとスネ夫《お》がのび太《た》から袋《ふくろ》を奪《うば》う。

のび太《た》はその直前《ちょくぜん》に一《ひと》つだけ取《と》り出《だ》した飛行機《ひこうき》をまじまじと見《み》つめた。

「ただのおもちゃかな……？」

正直《しょうじき》よくわからないまま、いじっていると小《ちい》さなボタンに触《ふ》れた。

ボンッ！　と大《おお》きな音《おと》がして飛行機《ひこうき》から何《なに》かが飛《と》び出《だ》した。空中《くうちゅう》に広《ひろ》がった柔《やわ》らかい風船《ふうせん》のようなものがのび太《た》の体《からだ》を一瞬《いっしゅん》で包《つつ》み込《こ》む。「わわっ！」と叫《さけ》んだ直後《ちょくご》、のび太《た》の体《からだ》は全身《ぜんしん》を変《か》わった服《ふく》に覆《おお》われていた。ブーツやグローブ、そして頭《あたま》にゴーグルが光《ひか》り、まるで昔《むかし》のパイロットのような服装《ふくそう》だった。

「わあ……！　かっこいい！」

のび太《た》が自分《じぶん》の姿《すがた》に見《み》とれていると、「おおーっ、俺《おれ》たちもやってみようぜ！」とジャイアンを皮切《かわき》りに、スネ夫《お》としずかも飛行機《ひこうき》を手《て》に取《と》ってボタンを押《お》した。三人《さんにん》とものび太《た》と同《おな》じように、パイロットのような衣装《いしょう》に包《つつ》まれる。

「どう？　似合《にあ》うでしょ？」

「俺《おれ》だって！」

スネ夫《お》とジャイアンが得意《とくい》げにポーズを決《き》める。

「しずかちゃんもよく似合《にあ》うなあ！」

のび太《た》の褒《ほ》め言葉《ことば》に、満更《まんざら》でもない顔《かお》でしずかも微笑《ほほえ》む。

「この服《ふく》にも何《なに》か機能《きのう》があるのかしら？」

そう言《い》って、しずかはドラえもんの方《ほう》を見《み》やった。

「上空《じょうくう》の温度変化《おんどへんか》や気圧《きあつ》の変化《へんか》にも耐《た》えられる

みたい、だけど……それより……」

と、説明《せつめい》しているドラえもんの飛行服《ひこうふく》は、体型《たいけい》が合《あ》わないのかパッツンパッツンだ。体《からだ》だけでなく、顔《かお》までギュウギュウに押《お》しつぶされ、きちんと話《はな》すこともままならないらしい。

「ちょっと、大丈夫《だいじょうぶ》？」

のび太《た》が心配《しんぱい》そうに尋《たず》ねた瞬間《しゅんかん》、ドラえもんは飛行服《ひこうふく》の形状《けいじょう》を変《か》えて、帽子《ぼうし》とジャケットだけの姿《すがた》になった。

「ぶはーっ、僕《ぼく》はこの着方《きかた》にしとこう……」

＊　＊　＊

操縦室《そうじゅうしつ》に戻《もど》った五人《ごにん》は、飛行準備《ひこうじゅんび》にむけて思《おも》い思《おも》いに過《す》ごしていた。

「こんなに晴《は》れてるのに、雨《あめ》なんて変《へん》な天気《てんき》」

のび太《た》が窓《まど》の外《そと》を見《み》ながらつぶやくと、しずかが答《こた》えた。

「お天気雨《てんきあめ》、って言《い》うのよね。ロマンチックじゃない？」

のび太《た》にはあまり伝《つた》わらなかったらしい。のび太《た》は軽《かる》くうなずくと、舵輪《だりん》の前《まえ》で「ふむ、だいたいわかった……」と説明書《せつめいしょ》を読《よ》んでいるドラえもんに声《こえ》をかける。

「ねえ、ドラえもん。まずはどこから行《い》ってみるの？」

「そうだなあ」

そう言《い》って、ドラえもんが取《と》り出《だ》したのは先《さき》ほどの〝タイム新聞《しんぶん》〟だった。

「これにしよう！」

ドラえもんは壁面《へきめん》にあるパネルを操作《そうさ》し始《はじ》めた。

「目的地《もくてきち》を1972年《ねん》のアフリカにセット！」

するとピコンと反応《はんのう》があって、頭上《ずじょう》のモニタに行《い》き先《さき》の時間《じかん》と場所《ばしょ》が表示《ひょうじ》された。

「タイムワープエネルギー、充填開始《じゅうてんかいし》！　各部《かくぶ》異常《いじょう》なし！」

たくさんの機器《きき》を動《うご》かして、ドラえもんは準《じゅん》備《び》を進《すす》めていく。やがて操縦席《そうじゅうせき》の少《すこ》し目立《めだ》つボタンに手《て》をかけた。

「タイムワープ弾《だん》、発射《はっしゃ》スタンバイ！ 5、4、3、2、1……発射《はっしゃ》！」

ボタンを勢《いきお》いよく押《お》す。すると船外《せんがい》の発射口《はっしゃこう》から小《ちい》さな弾《たま》が放《はな》たれた。弾《たま》は空中《くうちゅう》で花火《はなび》のようにはじけて、丸形《まるがた》の異空間《いくうかん》、すなわちタイムホールへの入《い》り口《ぐち》を作《つく》り出《だ》す。

「タイムツェッペリン、テイクオフ！」

ドラえもんがレバーをぐいっと前《まえ》へ押《お》しやると、飛行船《ひこうせん》のプロペラが回転《かいてん》を始《はじ》めた。小《ちい》さな振動《しんどう》とともに、飛行船《ひこうせん》は静《しず》かに浮《う》き上《あ》がる。そのまま裏《うら》山《やま》の広場《ひろば》から飛《と》び出《だ》し、タイムホールの方《ほう》へ、向《む》かっていく。

するとと、窓外《そうがい》の風景《ふうけい》を見《み》ていたしずかが叫《さけ》んだ。

「あそこ見《み》て！」

一同《いちどう》の前《まえ》に大《おお》きな虹《にじ》が見《み》えた。まるで旅立《たびだ》ちを祝《いわ》うかのような虹《にじ》は、のび太《た》の町《まち》に色鮮《いろあざ》やかなアーチを作《つく》っている。

「虹《にじ》だ！」

「わぁ～！」

飛行船《ひこうせん》はスピードを上《あ》げて、ゆっくりとタイムホールへ入《はい》っていく。そしてその姿《すがた》が見《み》えなくなると、タイムホールも静《しず》かに消《き》えた。

03
雷《かみなり》の襲撃《しゅうげき》

50年前《ねんまえ》——1972年《ねん》のサバンナの空《そら》は青《あお》く晴《は》れ渡《わた》っていた。

広大《こうだい》な大地《だいち》で、たくさんの動物《どうぶつ》たちが優雅《ゆうが》に動《うご》き回《まわ》るさまは、まるで現代《げんだい》と変《か》わりない。自然《しぜん》にとってみれば、50年《ねん》なんてほんのわずかな時間《じかん》に過《す》ぎないのかもしれない。

無事《ぶじ》にタイムホールから抜《ぬ》け出《だ》し、この時代《じだい》へやってきたのび太《た》たちは、タイムツェッペリンの窓《まど》からサバンナを見下《みお》ろしていた。

「わぁ〜、キリンにサイ、象《ぞう》もいる！」

「すっげえ！」

スネ夫《お》とジャイアンは眼下《がんか》の動物《どうぶつ》たちに感激《かんげき》している。

ドラえもんが〝タイム新聞《しんぶん》〟のホログラム記事《きじ》を見《み》ながらつぶやいた。

「記事《きじ》によると、このサバンナで三日月型《みかづきがた》の飛行《ひこう》物体《ぶったい》が目撃《もくげき》されているらしい」

のび太《た》が反応《はんのう》する。

「よーし！　絶対《ぜったい》にユートピアを見《み》つけるぞ！」

「そのゴーグルをつけたら、遠《とお》くのものものもズームして見《み》られるよ」

「わかった！」

のび太《た》はドラえもんのアドバイス通《どお》り、ゴーグル越《ご》しに空《そら》をのぞく。真《ま》っ青《さお》な空《そら》にすーっと何《なに》かが横切《よこぎ》ったと思《おも》った直後《ちょくご》、巨大《きょだい》なハゲワシの顔《かお》がこちらへ迫《せま》ってきた。

「うわぁあっ！」

思《おも》わず声《こえ》を上《あ》げたのび太《た》をしずかが見《み》やる。

「見《み》つかったの？」

「あ、いやぁ、ただの鳥《とり》だったみたい……」

のび太《た》は照《て》れ隠《かく》しでごまかした。

「おい、三日月《みかづき》の島《しま》なんてどこにもないぞ」

すでに飽《あ》きているのか、ジャイアンは振《ふ》り返《かえ》ってぼやいた。

「サバンナっていっても広《ひろ》いからね」

「ドラえもん、もっとスピード出《だ》せないの？」

スネ夫《お》が不満《ふまん》げに聞《き》くと、ドラえもんは困《こま》ったように答《こた》えた。

「これで全速力《ぜんそくりょく》なんだ」

「これじゃあもしユートピアが見《み》つかっても、たどり着《つ》く前《まえ》にまた消《き》えちゃうよ」

のび太《た》が不安《ふあん》を口《くち》にすると、ドラえもんは舵《かじ》から手《て》を放《はな》して四人《よにん》を見回《みまわ》した。

「んー、じゃあ手分《てわ》けして偵察《ていさつ》に行《い》く？」

「偵察《ていさつ》？」

「タケコプターで？」

のび太《た》やしずかの問《と》いに、ドラえもんはくるりと背中《せなか》を向《む》けた。

「タケコプターもいいけど、こんなのもある！」

ドラえもんの背中《せなか》には、模型《もけい》の飛行機《ひこうき》がついていた。

＊＊＊

数分後《すうふんご》、五人《ごにん》はサバンナの上空《じょうくう》を緩《ゆる》やかに飛《と》び回《まわ》っていた。

手袋《てぶくろ》のボタンを押《お》すと、背中《せなか》の飛行機《ひこうき》が勢《いきお》いよく膨《ふく》らんで、乗《の》れるくらいの大《おお》きさの飛行機《ひこうき》に変《へん》形《けい》した。ドラえもんにつづいて他《ほか》の四人《よにん》も、楽《たの》しそうに空《そら》を飛《と》んでいく。

「タケコプターと同《おな》じで、思《おも》ったとおりに飛《と》べるようになってるみたいだから、操縦《そうじゅう》は三輪車《さんりんしゃ》と同《おな》じくらい簡単《かんたん》だと思《おも》うけど、どう？」

耳《みみ》あてに付属《ふぞく》した通信機《つうしんき》でドラえもんが尋《たず》ねる。

「大丈夫《だいじょうぶ》！」

「楽勝《らくしょう》だぜ！」

「最高《さいこう》！」

しずか、ジャイアン、スネ夫《お》の三人《さんにん》は問題《もんだい》なく答《こた》えるが、やはりのび太《た》はいつもと同《おな》じように悲《ひ》鳴《めい》で答《こた》えた。

「うわあああっ！　うわっ、うわっ！　三輪車《さんりんしゃ》って……難《むずか》しい……！」

上下左右《じょうげさゆう》へ飛《と》び回《まわ》り、機体《きたい》ごとひっくり返《かえ》って、ぐるぐると回《まわ》っているのび太《た》の飛行機《ひこうき》を、ドラえもんは呆《あき》れたように見上《みあ》げる。

「まあ、安全装置《あんぜんそうち》がついてるから墜落《ついらく》はしないけど……」

と、そのとき、スネ夫《お》が何《なに》かを見《み》つけたように叫《さけ》んだ。

「あ！　あれじゃない!?」

「どれだって？」

「ほら、あそこ！」

スネ夫《お》が指《ゆび》さした先《さき》には、三日月形《みかづきがた》の何《なに》かが見《み》える。

もしかしてユートピアなのでは……？

と、全員《ぜんいん》が思《おも》ったが、その期待《きたい》はすぐに打《う》ち砕《くだ》かれる。

それは三日月《みかづき》の模様《もよう》が描《えが》かれている熱気球《ねつききゅう》だった。

熱気球《ねつききゅう》はふわふわと浮《う》かび、ゆるりと風《かぜ》に揺《ゆ》れている。

「おい、ありゃあただの気球《ききゅう》だぞ」

ジャイアンががっかりしたようにつぶやく。

「未確認飛行物体《みかくにんひこうぶったい》の正体《しょうたい》って、大抵《たいてい》こんなもんなんだよね」

「えぇ〜、そんなあ〜」

スネ夫《お》の言葉《ことば》に、ようやく機体《きたい》を安定《あんてい》させたのび太《た》はがっくりと肩《かた》を落《お》とす。

「まあ仕方《しかた》ないね。じゃあ次《つぎ》の記事《きじ》のところへ行《い》ってみよう。全員一度《ぜんいんいちど》タイムツェッペリンに戻《もど》って！」

「了解《りょうかい》！」

ドラえもんの掛《か》け声《ごえ》で、しずかたちは機体《きたい》を旋回《せんかい》させる。

「あ、ちょっと……」

のび太《た》はいつもと同《おな》じように、四人《よにん》に遅《おく》れてついていった。

＊＊＊

「はぁぁ～」

数時間後《すうじかんご》、のび太《た》はぐったりとテーブルに突《つ》っ伏《ぷ》した。

ここはタイムツェッペリンの中《なか》にある食堂《しょくどう》だった。

目《め》の前《まえ》にはドラえもんの〝グルメテーブルかけ〟で出《だ》された美味《おい》しそうなハンバーグが置《お》かれてい

るが、のび太《た》の心《こころ》は晴《は》れなかった。

あれからいくつかの時代《じだい》や場所《ばしょ》をめぐったが、目立《めだ》った収穫《しゅうかく》は得《え》られなかった。

江戸《えど》時代《じだい》の漁師《りょうし》たちが目撃《もくげき》した三日月《みかづき》は大《おお》きな雲《くも》だったし、アルプスでの目撃談《もくげきだん》も三日月《みかづき》のような形《かたち》のグライダーで、さらにニューヨークのパレードでは三日月《みかづき》の形《かたち》の巨大《きょだい》なバルーンがたくさんの人々《ひとびと》に目撃《もくげき》されていた。

夜《よる》のシベリアで見《み》た、三日月《みかづき》の形《かたち》のオーロラはとても美《うつく》しかったけれど……。

どれものび太《た》が探《さが》しているユートピアではなかった。

そして1632年《ねん》のヨーロッパにやってきたのだが、夜《よる》になってちょうどおなかもすいたので、みんなでご飯《はん》を食《た》べることになったのだ。

「ここもどうせ見間違《みまちが》いだろ」

スネ夫《お》がエビフライにかぶりつきながら、いつもの冷《さ》めた口調《くちょう》で言《い》う。

「そんなこと……」

「だいたいのび太《た》が見《み》たのだって、風船《ふうせん》か雲《くも》か鳥《とり》に決《き》まってるもんな」

ジャイアンは不機嫌《ふきげん》そうに、のび太《た》の皿《さら》から付《つ》け合《あ》わせのポテトを奪《うば》う。

「ぼ、僕《ぼく》はたしかに見《み》たんだ！」

不名誉《ふめいよ》な言《い》いがかりをつけられ、のび太《た》は言《い》い返《かえ》す。

「あのね、ユートピアなんて作《つく》り話《ばなし》なの。そんな夢《ゆめ》みたいな話《はなし》、あるわけないでしょ」

反対側《はんたいがわ》からスネ夫《お》はのび太《た》の人参《にんじん》を横取《よこど》りする。

「でも……飛行船《ひこうせん》で旅《たび》ができて、楽《たの》しかったじゃない」

しずかがたまらずフォローした。

するとジャイアンとスネ夫《お》もその発言《はつげん》には同意《どうい》する。

「飛行機《ひこうき》も面白《おもしろ》かったしな！」

「いろいろ珍《めずら》しいものが見《み》られたしね」

「じゃ、今日《きょう》はもう寝《ね》て、明日《あした》帰《かえ》るとしようか」

空気《くうき》が少《すこ》し良《よ》くなったのを見計《みはか》らって、ドラえもんがまとめた。

「さんせーい！」

ジャイアンとスネ夫《お》、しずかが嬉《うれ》しそうに声《こえ》を上《あ》げたが、のび太《た》は納得《なっとく》いかないような表情《ひょうじょう》でうつむいていた。

＊　＊　＊

タイムツェッペリンは夜《よる》の空《そら》を静《しず》かに漂《ただよ》ってい
る。
展望室《てんぼうしつ》でのび太《た》は一人《ひとり》、ヨーロッパの星空《ほしぞら》を見《み》
上《あ》げていた。

「…………」

バカにされるのはいつものことだが、決《けっ》して慣《な》
れているわけではない。のび太《た》はいつだって真剣《しんけん》
なのだ。しかしその真剣《しんけん》な気持《きも》ちが、みんなより
も少《すこ》しだけ実《み》を結《むす》ばないだけだ。

どうして僕《ぼく》だけいつもこうなんだろう……。のび太《た》はむなしい気持《きも》ちを押《お》し殺《ころ》して、夜《よる》の空《そら》に三日月《みかづき》を探《さが》す。

チーンと背後《はいご》で音《おと》が聞《き》こえて、エレベーターが到着《とうちゃく》した。

乗《の》ってきたのはドラえもんだった。部屋《へや》を抜《ぬ》け出《だ》したのび太《た》の物音《ものおと》に気《き》づいたようだ。ドラえもんは優《やさ》しく声《こえ》をかける。

「のび太《た》くん……」

「ほんとに見《み》たんだ……」

のび太《た》はもう何度《なんど》も口《くち》にした言葉《ことば》を、もう一度《いちど》口《くち》にした。

「まだ見《み》つけられてないだけで、きっとどこかに……。見間違《みまちが》いなんかじゃないんだ！」

真剣《しんけん》な眼差《まなざ》しでドラえもんを見《み》つめる。

しかしドラえもんはのび太《た》の方《ほう》を見《み》ていなかった。先《さき》ほどまでのび太《た》が見《み》ていた空《そら》の方《ほう》を見《み》ている。

そして「のび太《た》くん！」と叫《さけ》んで、ゴムまりのように丸《まる》い手《て》をかかげた。

「あっち！」

のび太《た》が視線《しせん》を向《む》けると、信《しん》じられないものが目《め》に入《はい》った。

夜空《よぞら》の中《なか》にタイムホールが開《ひら》いていた。タイムツェッペリンが通《とお》ったタイムホールとは比《くら》べものにならないくらい大《おお》きい。そしてその穴《あな》からゆっくりと降《お》りてくる〝何《なに》か〟があった。

その何《なに》かは、三日月《みかづき》の形《かたち》をしている。

のび太《た》は目《め》を見張《みは》る。

「あれだ……！　あれこそ僕《ぼく》が見《み》た、ユートピアだ！」

＊＊＊

しずか、ジャイアン、スネ夫《お》の三人《さんにん》は窓《まど》の外《そと》にはっきりと浮《う》かぶ三日月形《みかづきがた》の何《なに》かを呆然《ぼうぜん》と見《み》つめていた。寝《ね》ていたところを呼《よ》び出《だ》され、展望台《てんぼうだい》へやってきたのだ。

「ね、僕《ぼく》の言《い》った通《とお》りだったでしょ！」

のび太《た》が得意《とくい》げに言《い》うと、三人《さんにん》は無言《むごん》でコクコクとうなずく。それはのび太《た》の言葉《ことば》を信《しん》じていなかったことへの謝罪《しゃざい》も含《ふく》まれていた。

「何《なに》があるかわからないから、みんなも一応《いちおう》飛行《ひこう》服《ふく》を着《き》ておいて」

ドラえもんに言《い》われて、三人《さんにん》は飛行服《ひこうふく》に身《み》を包《つつ》む。一方《いっぽう》でのび太《た》は期待《きたい》に胸《むね》を膨《ふく》らませていた。

「どんなところなのかなぁ。もー、もっと速《はや》く飛《と》べないの？」

タイムツェッペリンは先《さき》ほどから三日月形《みかづきがた》の何《なに》かに向《む》かって飛《と》んでいるのだが、まったく近《ちか》づいている様子《ようす》はない。

「だからこれで限界《げんかい》なんだって。しかしまだ結構《けっこう》距離《きょり》があるのに、あんなに大《おお》きく見《み》えるなんて、とんでもない大《おお》きさだ。あれはいったい……」

ドラえもんはつぶやいて、メインモニターを見《み》つめる。モニターに映《うつ》る三日月形《みかづきがた》の物体《ぶったい》には何《なに》か建物《たてもの》のようなものも見《み》えるが、はっきりとは認識《にんしき》できない。

その時《とき》だった。

三方《さんぽう》の窓《まど》が突然《とつぜん》、真《ま》っ暗《くら》になった。よく見《み》ると黒《くろ》い煙《けむり》のようなものに覆《おお》われている。どうやら飛《ひ》行船全体《こうせんぜんたい》が、暗《くら》い雲《くも》のようなものに包《つつ》まれたようだ。

「な、なに!?」

「なんでこんな急《きゅう》に雲《くも》が……」

ドラえもんがつぶやいたそのとき、ドーーーン！

と巨大《きょだい》な音《おと》が聞《き》こえてゴンドラ内《ない》が大《おお》きく揺《ゆ》れた。

「わぁぁっ！」

「なんなの!?」

「雷《かみなり》か!?」

混乱《こんらん》して一同《いちどう》は騒《さわ》ぎ立《た》つ。

「大丈夫《だいじょうぶ》！　雷《かみなり》が直撃《ちょくげき》しても平気《へいき》なようにコーティングしてある……」

ドラえもんがみんなを安心《あんしん》させようと言《い》ったそ

ばから、またドーーン！　ドーーン！　と続《つづ》けざまに振動《しんどう》が伝《つた》わってきた。何度《なんど》も雷《かみなり》が直撃《ちょくげき》しているらしい。

「なんでこんなに雷《かみなり》が落《お》ちるの！」

スネ夫が悲鳴《ひめい》を上《あ》げた。

「これは……自然《しぜん》の雲《くも》や雷《かみなり》じゃない。何《なに》かに攻撃《こうげき》されている！」

「ええっ!?」

「見《み》て！　あれは何《なに》！」

しずかが窓《まど》の方《ほう》を指《ゆび》さす。
そこには暗《くら》い雲《くも》のなか、小型《こがた》の飛行機《ひこうき》のような
シルエットが飛行船《ひこうせん》と並《なら》ぶように飛《と》んでいた。
「何《なに》かいる！」
のび太《た》が叫《さけ》んだ途端《とたん》、シルエットは雷《かみなり》のような
ビームを放《はな》った。ビームは真《ま》っ直《す》ぐにこちらへ向《む》
かってきて、窓《まど》の下《した》あたりに直撃《ちょくげき》した。
再《ふたた》びドーーーン！　と激《はげ》しい衝撃《しょうげき》がゴンドラに
広《ひろ》がる。

「わぁぁぁっ！」

「あ、あの影《かげ》が雷《かみなり》を放《はな》ってきてる！」

「なんだと!?　くっそう、何《なに》か武器《ぶき》は……これか！」

ジャイアンは怒《いか》りにまかせて、目《め》の前《まえ》の操作《そうさ》パネルの適当《てきとう》なボタンを押《お》す。すると窓《まど》の外《そと》でヒュルルと音《おと》がして、パンパン！　と色《いろ》とりどりの花《はな》火《び》が広《ひろ》がった。

花火《はなび》の光《ひかり》で飛行船《ひこうせん》の周《まわ》りのシルエットがいくつ

も照《て》らし出《だ》される。どうやら敵《てき》は1機《き》ではないらしい。

「花火《はなび》なんかあげてどうするの!?」

スネ夫《お》が叫《さけ》び声《ごえ》を上《あ》げた直後《ちょくご》、ジャイアンはまた別《べつ》のボタンを押《お》し込《こ》む。

すると飛行船《ひこうせん》の上部《じょうぶ》から四方《しほう》へ向《む》けて、大量《たいりょう》の水《みず》がまき散《ち》らされた。

「今度《こんど》は水鉄砲《みずでっぽう》!?」

つづけざまにジャイアンは別《べつ》の操作盤《そうさばん》へ駆《か》け

寄《よ》って、手近《てぢか》なレバーを下《お》ろそうとした。

「ちくしょう！　じゃあこれで……おりゃっ！」

が、レバーは手応《てごた》えなくボロッと抜《ぬ》け落《お》ちる。

「あら？」

「ああああっ！　何《なに》するんだ！」

誰《だれ》よりも大《おお》きな声《こえ》を上《あ》げたのはドラえもんだった。

「まだローンが残《のこ》ってるのに！」

ドラえもんはレバーを奪《うば》い取《と》ると、元《もと》の位置《いち》に戻《もど》そうとする。

「そんなこと言《い》ってる場合《ばあい》!?」

そう、スネ夫《お》の言《い》うとおりだった。

ドォーーン！

タイムツェッペリンの混乱《こんらん》を見守《みまも》っていたまわりの小型《こがた》の飛行物体《ひこうぶったい》たちが、一斉《いっせい》に攻撃《こうげき》を始《はじ》めたのだ。その1機《き》の雷《かみなり》ビームが、飛行船《ひこうせん》の機関部《きかんぶ》を直撃《ちょくげき》した。

モニターが放電《ほうでん》して、バチバチ！ と火花《ひばな》が散《ち》る。

「コンピューターがやられた！　これじゃタイムワープできない！」

「ええっ!?」

ドラえもんの悲痛《ひつう》な声《こえ》が響《ひび》くと、ジャイアンが思《おも》わず叫《さけ》んだ。

「卑怯《ひきょう》だぞ！　こっち来《こ》い！　ぶっとばしてやる！」

その声《こえ》が聞《き》こえたはずはないのだが、複数《ふくすう》の飛《ひ》行物体《こうぶったい》は飛行船《ひこうせん》の正面《しょうめん》で編隊《へんたい》を組《く》んで向《む》き直《なお》った。

「わわ……！　本当《ほんとう》に来《き》ちゃったじゃないか！

僕《ぼく》じゃないよ！　この人《ひと》が言《い》ったんだよ！」
スネ夫《お》がジャイアンを指《ゆび》さすが、おそらくその声《こえ》も届《とど》いていない。
ドラえもんは編隊《へんたい》の中心《ちゅうしん》のシルエットが、他《ほか》の機体《きたい》と違《ちが》う形《かたち》であることに気《き》づいた。
「あれは……」
どうやら機体《きたい》の上《うえ》に人《ひと》のような影《かげ》が立《た》っているように見《み》える。
人影《ひとかげ》は、冷静《れいせい》にこちらの様子《ようす》をうかがっているようだ。

直後《ちょくご》、人影《ひとかげ》がゆっくりと手《て》を上《あ》げた。その手《て》にはステッキのようなものが掲《かか》げられている。ステッキの先端《せんたん》が帯電《たいでん》を始《はじ》め、小《ちい》さな雷《かみなり》がその周《まわ》りに弾《はじ》け始《はじ》めた。あわせて周《まわ》りの飛行物体《ひこうぶったい》からも、帯電《たいでん》の光《ひかり》が見《み》える。

まずい……！

ドラえもんが危険《きけん》を感《かん》じて、行動《こうどう》を起《お》こそうとしたときにはもう遅《おそ》かった。

人影《ひとかげ》がステッキを振《ふ》り下《お》ろし、飛行船《ひこうせん》に向《む》かって大量《たいりょう》の雷《かみなり》のビームが向《む》かってくる。

ババババッ！

雷《かみなり》がタイムツェッペリンの正面《しょうめん》に直撃《ちょくげき》し、轟音《ごうおん》とともに大爆発《だいばくはつ》が起《お》きた。

煙《けむり》を上《あ》げて飛行船《ひこうせん》は大《おお》きく傾《かたむ》き、ゆっくりと落下《らっか》を始《はじ》める。

電気《でんき》の供給《きょうきゅう》が止《と》まり、真《ま》っ暗《くら》になったゴンドラも傾《かたむ》いている。暗闇《くらやみ》の中《なか》でドラえもんたちは声《こえ》を上《あ》げることもできず、体《からだ》は揺《ゆ》れにまかせて弾《はじ》き飛《と》ばされていく。先《さき》ほどまで壁《かべ》だったところに、体《からだ》を強《つよ》く叩《たた》きつけられ、のび太《た》は痛《いた》みに顔《かお》をしかめた。

「ぐっ……」

うめき声《ごえ》を上《あ》げて、うっすらと目《め》を開《あ》けると、窓《まど》の向《む》こうに少《すこ》しだけ光《ひかり》が見《み》える。

それはのび太《た》が見《み》つけた三日月形《みかづきがた》の物体《ぶったい》の光《ひかり》だった。

光《ひかり》の前《まえ》に、先《さき》ほどのシルエットの人影《ひとかげ》が映《うつ》し出《だ》される。

逆光《ぎゃっこう》なので、はっきりとは見《み》えない。しかしその顔《かお》がのび太《た》には一瞬《いっしゅん》だけ見《み》えた。冷《つめ》たい目《め》でこちらを見《み》つめる、猫《ねこ》のような顔《かお》だった。

「あ……」

小《ち い》さく声《こえ》を上《あ》げると、のび太《た》はふたたび目《め》を閉《と》じる。

意識《いしき》が静《しず》かに遠《とお》のいていった。

04 理想郷《りそうきょう》・パラダピア

まぶたの上《うえ》に光《ひかり》が射《さ》す。まだ寝《ね》ていたいのに無理《むり》やり起《お》こされた朝《あさ》と同《おな》じ感覚《かんかく》だった。

のび太《た》がゆっくり目《め》を開《あ》けると、誰《だれ》かがメガネをかけてくれた。おかげでぼんやりしていた視界《しかい》がはっきりと見《み》える。目《め》の前《まえ》に、大《おお》きなクリオネのような薄《うす》い水色《みずいろ》の生《い》き物《もの》が浮《う》いていた。

「な、なに……？」

驚《おどろ》いて身構《みがま》えると、クリオネはサッとどこかへ飛《と》んでいってしまった。

辺《あた》りを見回《みまわ》し、のび太《た》は自分《じぶん》がベッドに寝《ね》ていたことに気《き》づいた。しかしただのベッドではない。カプセルのような作《つく》りの不思議《ふしぎ》な形《かたち》のベッドだった。部屋《へや》は近未来《きんみらい》の病院《びょういん》のような雰囲気《ふんいき》にも感《かん》じられる。隣《となり》のベッドにはドラえもんが寝《ね》ていた。

「ドラえもん！」

その声《こえ》にドラえもんも目《め》を開《ひら》く。どこも壊《こわ》れていないようで、のび太《た》は安心《あんしん》した。

二人《ふたり》と同《おな》じように、しずかやジャイアン、スネ夫《お》もベッドに寝《ね》かされていた。五人並《ごにんなら》んだベッドで、それぞれに体《からだ》をうごめかせ、ゆっくりと目《め》を覚《さ》ます。

部屋《へや》の壁一面《かべいちめん》の窓《まど》から、朝日《あさひ》が差《さ》しこんでいた。

「朝《あさ》……？」

のび太《た》がつぶやくと同時《どうじ》に、どこからか鐘《かね》のような音《おと》が聞《き》こえた。

「な、なんだ!?」

声《こえ》を上《あ》げたジャイアンにならって、一同《いちどう》はベッドから窓《まど》ごしに外《そと》を見《み》た。

遠《とお》く太陽《たいよう》が見《み》えたかと思《おも》うと、突然《とつぜん》サングラスのような薄暗《うすぐら》いバリアが窓《まど》を覆《おお》い、光《ひかり》をさえぎる。

つづいて空《そら》を通《とお》るレールのようなものが見《み》えて、

そのレールの上《うえ》を大《おお》きな丸《まる》い物体《ぶったい》が伝《つた》わって現《あらわ》れる。丸《まる》い物体《ぶったい》は強烈《きょうれつ》な光《ひかり》を放《はな》った。のび太《た》たちは思《おも》わず、差《さ》しこむ光《ひかり》を手《て》でさえぎった。

「まぶしっ」

「何《なに》が起《お》きてるんだ？」

すると外《そと》からウィーンと巨大《きょだい》な音《おと》が聞《き》こえてきた。一同《いちどう》がベッドを出《で》て窓《まど》に近《ちか》づくと、そこには摩訶不思議《まかふしぎ》な光景《こうけい》が広《ひろ》がっていた。

まわりに浮《う》かぶドーム状《じょう》の屋根《やね》を持《も》った大小《だいしょう》の浮《う》き島《しま》のようなものから、様々《さまざま》なかたちの建物《たてもの》や森《もり》などの自然《しぜん》が姿《すがた》を見《み》せる。

「森《もり》が……、建物《たてもの》が……」

「生《う》まれていくわ！」

のび太《た》たちは、巨大《きょだい》な三日月《みかづき》の下半分《したはんぶん》、受《う》け皿《ざら》のようになっている場所《ばしょ》にある、大《おお》きな花形《はながた》の建《けん》造物《ぞうぶつ》の中心部《ちゅうしんぶ》、めしべのような高《たか》い塔《とう》のまわりにある浮《う》き島《しま》の一《ひと》つにいた。周《まわ》りには、ほかにも浮《う》き島《しま》が塔《とう》を囲《かこ》むようにいくつも並《なら》んでいて、大《おお》きな花《はな》びらが開《ひら》くと同時《どうじ》に、数多《あまた》の浮《う》き島《しま》がその屋根《やね》を開《ひら》きながら、外《そと》に散《ち》らばって飛《と》んでいく。

のび太《た》たちがその様子《ようす》に圧倒《あっとう》されている間《あいだ》に、三日月《みかづき》の受《う》け皿《ざら》の下《した》から水《みず》があふれ出《だ》し、水《みず》かさが増《ま》して大《おお》きな湖《みずうみ》ができ上《あ》がっていった。やがて、見《み》わたすかぎり広大《こうだい》で穏《おだ》やかな水面《すいめん》が広《ひろ》がる。

「すごい！」

のび太《た》が驚《おどろ》いていると、今度《こんど》は窓《まど》を何《なに》かが横《よこ》切《ぎ》った。先《さき》ほどのクリオネに似《に》た形《かたち》の飛行体《ひこうたい》だった。飛行体《ひこうたい》は次々《つぎつぎ》に現《あらわ》れ、しかもそれぞれに人《ひと》が乗《の》っている。

クリオネ飛行機《ひこうき》に乗《の》った人々《ひとびと》は、はばたく鳥《とり》たちとともに、それぞれ浮《う》き島《しま》へ向《む》けて飛《と》んでいく。

「わぁ……」

「まるで天国《てんごく》みたい……」

幻想的《げんそうてき》な風景《ふうけい》のなかで、しずかがつぶやいた。

「みんな、向《む》こうを見《み》て！」

ドラえもんが眼下《がんか》を指《ゆび》さす。見《み》ると、巨大《きょだい》な三日月《みかづき》の下《した》に広大《こうだい》な雲海《うんかい》がひろがっていた。その隙間《すきま》から、わずかに地上《ちじょう》の姿《すがた》が見《み》える。

「ここは、空《そら》の上《うえ》だ！」

それを聞《き》いてスネ夫《お》がよろめいた。

「じゃあもしかして……本当《ほんとう》に天国《てんごく》なの!?」

「俺《おれ》たち、死《し》んじまったのか!?」

ジャイアンも青《あお》ざめて、頭《あたま》をかかえこむ。

「違《ちが》うよ！」

のび太《た》が笑顔《えがお》で窓《まど》の外《そと》を見《み》ながら叫《さけ》んだ。

「ここは……ここそが……ユートピアだ！」

のび太《た》がずっと探《さが》していた三日月《みかづき》、この世《よ》のどこかにあるという楽園《らくえん》、それが現実《げんじつ》に目《め》の前《まえ》に広《ひろ》がっていた。胸《むね》いっぱいに広《ひろ》がる充実感《じゅうじつかん》をかみしめ、のび太《た》は喜《よろこ》びに満《み》ちあふれていた。

「おっしゃるとおり、ここは人類《じんるい》の楽園《らくえん》……」

「ほら、やっぱり！」

誰《だれ》かが言《い》った言葉《ことば》にのび太《た》が反応《はんのう》する。

「私《わたし》たちは、『パラダピア』と呼《よ》んでいます」

「パラダピア？ ユートピアじゃなくて？」

振《ふ》り返《かえ》って、のび太《た》は驚《おどろ》いた。

「!?」

言葉《ことば》を発《はっ》したのは、人間《にんげん》のようだった。人間《にんげん》のようと言《い》ったのは、二足歩行《にそくほこう》をしていたからで、その見《み》た目《め》はのび太《た》たちとは少《すこ》し違《ちが》っていた。服《ふく》を着《き》て赤《あか》いスカーフを装着《そうちゃく》しているのは違和感《いわかん》ないが、頭《あたま》にとんがった耳《みみ》が二《ふた》つのっており、ギロ

リと輝《かがや》く大《おお》きなツリ目《め》の下《した》には、こげ茶色《ちゃいろ》の丸《まる》
鼻《ばな》が光《ひか》っている。そして鼻《はな》と口《くち》の左右《さゆう》に、６本《ぽん》の
ヒゲが生《は》えていた。どことなく顔《かお》の造形《ぞうけい》はドラえ
もんと似通《にかよ》っている。
つまりその人物《じんぶつ》の顔《かお》は、ネコそのものだったのだ。
「で、で、出《で》た〰〰っ！」
のび太《た》は思《おも》わずのけぞった。スネ夫《お》がジャイア
ンの背《せ》に隠《かく》れる。
「あいつだ！」

「て、てめえ、さっきはよくもやってくれたな！」

ジャイアンは少《すこ》し怯《おび》えつつも拳《こぶし》を振《ふ》り上《あ》げ、にらみつける。

二人《ふたり》の反応《はんのう》を見《み》て、のび太《た》は思《おも》い出《だ》す。

そうだ、あの気絶《きぜつ》する前《まえ》に見《み》た人影《ひとかげ》……。のび太《た》たちを雷《かみなり》で攻撃《こうげき》してきたのは、まさしく目《め》の前《まえ》にいる者《もの》だったのだ。

部屋《へや》には静寂《せいじゃく》とともに緊張《きんちょう》が走《はし》る。

するとにらまれた相手《あいて》は、深《ふか》く頭《あたま》を下《さ》げた。

「先《さき》ほどは大変申《たいへんもう》し訳《わけ》ないことをしました。皆様《みなさま》が何者《なにもの》かわからなかったんです。このパラダピアを悪者《わるもの》から守《まも》るのが私《わたし》の役目《やくめ》なので……」

ゆっくりと頭《あたま》を上《あ》げると、悪気《わるぎ》のない微笑《ほほえ》みを浮《う》かべる。

「悪者《わるもの》だって？　僕《ぼく》たちは怪《あや》しい者《もの》じゃない！　僕《ぼく》は……」

ドラえもんが心外《しんがい》だと言《い》わんばかりに言《い》い返《かえ》した時《とき》、

「ドラえもん様《さま》」

「え？」

突然《とつぜん》名前《なまえ》を呼《よ》ばれて、ドラえもんは思《おも》わずあっけにとられる。

「二十二世紀《にじゅうにせいき》のネコ型《がた》ロボット。今《いま》は二十一世紀《にじゅういっせいき》でのび太様《たさま》と暮《く》らしている。そのお友《とも》だち、ジャイアン様《さま》、スネ夫様《おさま》、しずか様《さま》」

それぞれに名前《なまえ》を呼《よ》ばれて、五人《ごにん》は戸惑《とまど》う。

しずかが尋《たず》ねた。

「どうしてそれを？」

「失礼《しつれい》ながら、この記憶《きおく》スキャナーで皆様《みなさま》の記憶《きおく》を読《よ》み取《と》り、皆様《みなさま》が悪者《わるもの》ではないことを確認《かくにん》させていただきました」

どうやら五人《ごにん》が寝《ね》ていたベッドはスキャナーでもあったらしい。寝《ね》ている間《あいだ》に記憶《きおく》を読《よ》み取《と》るなんて、かなり技術《ぎじゅつ》が進《すす》んでいることがうかがえる。

ドラえもんは興味深《きょうみぶか》げに尋《たず》ねる。

「もしかして……、君《きみ》も未来《みらい》から来《き》たネコ型《がた》ロボット？」

すると相手《あいて》はドラえもんをじっと見《み》つめ返《かえ》した。

「私《わたし》はパーフェクトネコ型《がた》ロボット、ソーニャ」

ソーニャと名乗《なの》った者《もの》は、聡明《そうめい》な瞳《ひとみ》で告《つ》げる。

ソーニャが未来《みらい》のネコ型《がた》ロボットであることは間違《まちが》いないようだが、ある一点《いってん》にのび太《た》は引《ひ》っかかった。

「『パーフェクト』だって」

「ドラえもんとはだいぶ違《ちが》うな」

「ソーニャの方《ほう》がずっとクールでスマートだ」

いま名乗《なの》ったばかりなのに、ジャイアンとスネ夫《お》はすぐいつものように、ドラえもんをからかう。

「悪《わる》かったね」

へそを曲《ま》げるドラえもんのもとへ、先《さき》ほどのクリオネがふわりと飛《と》んできて、〝インスタント飛行機《ひこうき》セット〟を差《さ》し出《だ》した。

「ああ、どうも」

「ありがとう」

しずかが受《う》け取《と》ると、クリオネはしずかのまわりをクルクルと回《まわ》り始《はじ》めた。

「ふふ……このかわいい天使《てんし》ちゃんたちは？」

「クリオネラ。私《わたし》たちの生活《せいかつ》をサポートしてくれるロボットです」

クリオネラが楽《たの》しげに飛《と》び回《まわ》るのを見《み》ながら、のび太《た》はソーニャに尋《たず》ねる。

「ねえソーニャ、ここはユートピアみたいな楽園《らくえん》なんだよね？　ってことはテストもないし、住《す》んでる人《ひと》はみんな優等生《ゆうとうせい》なんだよね！」

するとソーニャはしっかりとうなずいた。

「ええ。ここは争《あらそ》いも犯罪《はんざい》もない、誰《だれ》もが幸《しあわ》せに暮《く》らせる世界《せかい》」

ソーニャは穏《おだ》やかな微笑《ほほえ》みを浮《う》かべる。

「ご案内《あんない》しましょう、パラダピアを！」

＊　＊　＊

ソーニャはクリオネラ飛行機《ひこうき》と呼《よ》ばれる飛行体《ひこうたい》

に乗《の》り、ドラえもんたちは〝インスタント飛行機《ひこうき》セット〟の飛行機《ひこうき》で、パラダピアの中《なか》を優雅《ゆうが》に飛《と》んでいた。

「ソーニャ、あれは何《なん》なの？」

ドラえもんは頭上《ずじょう》のレールの上《うえ》に輝《かがや》いている、太陽《たいよう》のような光《ひかり》を見上《みあ》げる。

「あれこそパラダピアのシンボル、パラダピアンライト！　私《わたし》たちの生活《せいかつ》に欠《か》かせない、人工太陽《じんこうたいよう》です」

「人工太陽《じんこうたいよう》!?」

ジャイアンとスネ夫が同時《どうじ》に驚《おどろ》く。

「日焼《ひや》けや日射病《にっしゃびょう》を防《ふせ》ぐため、本物《ほんもの》の太陽《たいよう》の光《ひかり》をバリアでコントロールし、一日中《いちにちじゅう》浴《あ》びても良《よ》い健康的《けんこうてき》な光《ひかり》を作《つく》り出《だ》しています」

「ふーん」

相《あい》づちをうったものの、のび太《た》はいまひとつわかっていない。眼下《がんか》を巨大《きょだい》なクリオネラが通《とお》り過《す》ぎていった。

「パラダピアンライトやバリアにより、雲《くも》より高《たか》い空《そら》でも人《ひと》が暮《く》らせる環境《かんきょう》を作《つく》り出《だ》しているのです」

「へぇ～」

一同《いちどう》は納得《なっとく》した。こんな空《そら》の上《うえ》に人《ひと》が住《す》んでいるのは、優《すぐ》れた技術《ぎじゅつ》あってのことなのだ。

「人口《じんこう》は400人《にん》ほど。皆《みな》、穏《おだ》やかでルールを守《まも》り、大人《おとな》はよく働《はたら》き、子《こ》どもはよく勉強《べんきょう》をします」

ソーニャは言《い》いながら、人々《ひとびと》が暮《く》らしているところも見《み》せてくれたが、まさしくそのとおりだった。

大人《おとな》たちは真面目《まじめ》に作業《さぎょう》を行《おこな》い、子《こ》どもはみんな熱心《ねっしん》に勉強《べんきょう》をしている。

「住人《じゅうにん》たちもパーフェクトってわけだ」

スネ夫《お》が感心《かんしん》したように呟《つぶや》くと、のび太《た》は憧《あこが》れの眼差《まなざ》しを向《む》ける。

「みんな幸《しあわ》せそう……。ああっ、僕《ぼく》もここに生《う》まれたかったなあ！」

「今《いま》からでもここに住《す》めば、誰《だれ》でも彼《かれ》らのようになれますよ」

「え？　誰《だれ》でも!?」

「住《す》むだけで？」

ソーニャの言葉《ことば》に、のび太《た》とドラえもんは驚《おどろ》いて目《め》を見開《みひら》く。

「はい、パラダピアには不思議《ふしぎ》な力《ちから》があるのです。のび太様《たさま》もここで暮《く》らせば、勉強《べんきょう》もスポーツもできるパーフェクト小学生《しょうがくせい》になります」

「ぼ、僕《ぼく》が、パーフェクト小学生《しょうがくせい》!?」

のび太《た》は夢想《むそう》した。

テストはいつも100点《てん》、野球《やきゅう》に参加《さんか》すればいつもホームラン、しずかには憧《あこが》れられ、出木杉《できすぎ》にはうらやましがられ、先生《せんせい》には褒《ほ》められる、まさしくパーフェクトな小学生《しょうがくせい》の姿《すがた》がぼんやりと頭《あたま》に浮《う》かぶ。

そして思《おも》わず、「でへへ」とだらしない笑《え》みをこぼした。

「ないない」

よこしまな思《おも》いを読《よ》み取《と》って、ジャイアンとスネ夫《お》はすぐさま否定《ひてい》する。

「ジャイアン様《さま》とスネ夫様《おさま》も乱暴《らんぼう》なところや意地《いじ》悪《わる》なところが直《なお》ります」

ソーニャが告《つ》げると、二人《ふたり》は身《み》に覚《おぼ》えがあるのか、ギクッと身《み》を固《かた》くする。

「お、俺《おれ》たちそんなことないよなあ！」

「うんうん」

「あるじゃない。みんなお見通《みとお》しなのよ」

意外《いがい》にしずかもはっきりと言《い》う。だがそんなしずかにもソーニャは容赦《ようしゃ》なかった。

「しずか様《さま》も少《すこ》し強情《ごうじょう》っぱりなところがあるようですね」

「まあ！　私《わたし》そんなこと……」

もじもじと目《め》をそらすと、のび太《た》は聞《き》こえないように「ちょっとあるかも」とつぶやいた。

話《はなし》を聞《き》いていたドラえもんは、目《め》を輝《かがや》かせてソーニャに尋《たず》ねる。

「じゃあ僕《ぼく》も、パーフェクトロボットになれる!?」

しかしソーニャは困《こま》ったように苦笑《くしょう》する。

「ロボットは改造《かいぞう》しないことには……」

「あらガックリ……」

ドラえもんは残念《ざんねん》そうに肩《かた》を落《お》とす。

のび太《た》は一《ひと》つの決意《けつい》を固《かた》めていた。

「ソーニャ！　僕《ぼく》ここに住《す》みたい！　パーフェクト小学生《しょうがくせい》になりたい！」

その澄《す》み切《き》った目《め》には希望《きぼう》の光《ひかり》が輝《かがや》いている。

のび太《た》の本心《ほんしん》だった。

ソーニャはどこか安心《あんしん》したように答《こた》える。

「では私《わたし》のご主人様《しゅじんさま》にお会《あ》いください」

「ソーニャのご主人様《しゅじんさま》？」

「はい。このパラダピアを創《つく》った方々《かたがた》です」

ソーニャが振《ふ》り向《む》いた先《さき》には、パラダピアの中心《ちゅうしん》に位置《いち》する高《たか》い塔《とう》がそびえ立《た》っていた。

＊＊＊

その塔《とう》は大聖堂《だいせいどう》と呼《よ》ばれているらしい。

大聖堂《だいせいどう》へ向《む》かう途中《とちゅう》、壊《こわ》れたタイムツェッペリンが係留《けいりゅう》されている場所《ばしょ》の近《ちか》くを通《とお》り過《す》ぎた。ソーニャによるとクリオネラが修理《しゅうり》してくれているとのことだ。

近《ちか》づくにつれ、大聖堂《だいせいどう》の巨大《きょだい》さがあらわになってきた。流線形《りゅうせんけい》に真《ま》っ直《す》ぐに上《うえ》へ伸《の》びているその姿《すがた》は、荘厳《そうごん》でどこか神秘的《しんぴてき》だった。

のび太《た》たちはソーニャの案内《あんない》で、大聖堂《だいせいどう》の中心《ちゅうしん》の部屋《へや》へ通《とお》される。そこは天井《てんじょう》まで何十《なんじゅう》メートルもある、だだっ広《ぴろ》い空間《くうかん》だった。室内《しつない》であるのに四方《しほう》から多《おお》くの光《ひかり》が取《と》り入《い》れられて、壁《かべ》や床《ゆか》がキラキラと輝《かがや》いている。

「わぁ……」

その美《うつく》しさに思《おも》わず息《いき》をのんで、一同《いちどう》は部屋《へや》を見渡《みわた》す。部屋《へや》の真《ま》ん中《なか》の池《いけ》に渡《わた》されている橋《はし》の通路《つうろ》をゆっくりと進《すす》み始《はじ》めた。外《そと》の巨大《きょだい》な湖《みずうみ》からもわかるように、どうやらこのパラダピアには水《みず》が豊富《ほうふ》にあるようだ。

ソーニャは通路《つうろ》の中心《ちゅうしん》で立《た》ち止《ど》まり、跪《ひざまず》いた。

「お連《つ》れしました、三賢人様《さんけんじんさま》」

その直後《ちょくご》、パァーと水面《みなも》が光《ひか》り始《はじ》めた。

「え？　え？」「なんだなんだ？」

戸惑《とまど》う一同《いちどう》の視線《しせん》の先《さき》、水面《みなも》の三方《さんぽう》からゆっくりと三人《さんにん》の人《ひと》が浮《う》かび上《あ》がってきた。皆《みな》、一様《いちよう》に目《め》を閉《と》じ、赤《あか》と青《あお》と緑《みどり》を基調《きちょう》としたきれいな装束《しょうぞく》に身《み》を包《つつ》んでいる。

水面《みなも》の光《ひかり》が収《おさ》まると、三賢人《さんけんじん》と呼《よ》ばれた者《もの》たちは台座《だいざ》に乗《の》って、のび太《た》たちの前《まえ》に居並《いなら》んだ。黙《だま》って静《しず》かにたたずむその姿《すがた》は、どこか気品《きひん》が漂《ただよ》っていた。

三人《さんにん》は目《め》を開《ひら》き、穏《おだ》やかな微笑《ほほえ》みを浮《う》かべる。

「ようこそ、パラダピアへ」

と、同時《どうじ》に告《つ》げた。一番左《いちばんひだり》の髪《かみ》の長《なが》い女性《じょせい》の賢人《けんじん》が口《くち》を開《ひら》いた。

「私《わたし》はサイ」

「私《わたし》はポーリー」

「私《わたし》はカルチ」

真《ま》ん中《なか》の男性《だんせい》と、そして右側《みぎがわ》の男性《だんせい》とも女性《じょせい》ともつかない賢人《けんじん》が、順番《じゅんばん》に名前《なまえ》を名乗《なの》る。

「サイ様《さま》は科学《かがく》、ポーリー様《さま》は政治《せいじ》、カルチ様《さま》は文化芸術《ぶんかげいじゅつ》をつかさどる賢人《けんじん》。このパラダピアは三人《さんにん》の天才《てんさい》が創《つく》り上《あ》げた理想《りそう》の国《くに》なのです」

「へえ……」

ソーニャの説明《せつめい》にのび太《た》たちが感心《かんしん》していると、三賢人《さんけんじん》は一人《ひとり》ずつ話《はな》し始《はじ》める。

「ソーニャが皆《みな》さんの飛行船《ひこうせん》を壊《こわ》してしまったそうですね」

「悪者《わるもの》と勘違《かんちが》いしてしまったとか」

「申《もう》し訳《わけ》ありませんでした」

サイと名乗《なの》った女性《じょせい》の賢人《けんじん》が深々《ふかぶか》と頭《あたま》を下《さ》げた。

「あ、いえいえ……」

のび太《た》たちは突然《とつぜん》謝《あやま》られて、恐縮《きょうしゅく》してしまう。

「でも悪者《わるもの》って？　誰《だれ》かに狙《ねら》われてるんですか？」

ドラえもんが気《き》づいて、身《み》を乗《の》り出《だ》した。

「私《わたし》たちはこの世《よ》から争《あらそ》いをなくし、理想《りそう》の世《せ》界《かい》を創《つく》るための研究《けんきゅう》をしています」

「しかし……それを理解《りかい》せず、ここを壊《こわ》そうとする者《もの》もいるのです」

「ええっ！　許《ゆる》せない！　僕《ぼく》が住《す》んでいた世界《せかい》とは大違《おおちが》いなのに！」

ドラえもんの横《よこ》から、のび太《た》がさらに身《み》を乗《の》り出《だ》す。怒《おこ》っているのび太《た》に、カルチが穏《おだ》やかに声《こえ》をかけた。

「あなたのいた世界《せかい》は、そんなにひどいのですか?」

「ええ、そりゃもうひどいもんです。ママなんかいつもガミガミガミガミガミ……、それに引《ひ》き換《か》え、ここはまさに僕《ぼく》が夢見《ゆめみ》た世界《せかい》です!」

のび太《た》は身振《みぶ》り手振《てぶ》りをまじえて、大《おお》げさに告《つ》げる。ソーニャがフォローを入《い》れた。

「のび太様《たさま》はここに住《す》んでみたいそうです」

その言葉《ことば》に、のび太《た》は大《おお》きく何度《なんど》もうなずいた。

「もちろん、大歓迎《だいかんげい》ですよ」

微笑《ほほえ》みを浮《う》かべ、サイがにこやかに答《こた》える。

「やったー！　みんなも住《す》んでみたいよね！」

のび太《た》はしずかたちを振《ふ》り返《かえ》った。

「でも、そろそろ帰《かえ》らないとパパとママが……」

しずかが物怖《ものお》じしていると、のび太《た》は「大丈夫《だいじょうぶ》だよ！」と言《い》い放《はな》つ。

「タイムツェッペリンで元《もと》の時間《じかん》に戻《もど》ればいいし！」

「まあ、面白《おもしろ》そうなところだしね」

「うまいもん食《た》べ放題《ほうだい》らしいしな」

スネ夫《お》とジャイアンも軽《かる》い気持《きも》ちで同意《どうい》した。

「では、みなさんにこちらを差《さ》し上《あ》げます」

話《はなし》を聞《き》いていたポーリーが優《やさ》しく手《て》をかざす。

するとどこからか小型《こがた》のクリオネラが飛《と》んできて、のび太《た》たちの胸《むね》にバッジのようなものを付《つ》けた。

バッジは三日月形《みかづきがた》の模様《もよう》をしている。

「パラダピアの一員《いちいん》のあかしです。最初《さいしょ》は誰《だれ》もみな三日月《みかづき》。心《こころ》がきれいになると、三日月《みかづき》が満《み》ちて太陽《たいよう》になります」

「そうなれば立派《りっぱ》な……」

と、サイとポーリーがつむぐ言葉《ことば》を、のび太《た》が続《つづ》ける。

「パーフェクト小学生《しょうがくせい》だね！」

のび太《た》の嬉《うれ》しそうな様子《ようす》に、カルチは優《やさ》しく微笑《ほほえ》んだ。

「ソーニャ、のび太《た》さんたちを学園《がくえん》へお連《つ》れしなさい」

「学園《がくえん》？」

のび太《た》は聞《き》きなじみのある言葉《ことば》に思《おも》わずぽかんとする。

「どの子《こ》もパーフェクトになれる学校《がっこう》です」

ソーニャが振《ふ》り返《かえ》って告《つ》げると、のび太《た》は興奮《こうふん》してガッツポーズをとった。

「よーし、みんな！　行《い》こう！」

そう言《い》って、先陣《せんじん》を切《き》って外《そと》へ飛《と》び出《だ》していく。

ドラえもんはその姿《すがた》に驚《おどろ》いた。

「のび太《た》くんが学校《がっこう》に行《い》きたがるなんて……。タイムツェッペリンもすぐには飛《と》べないし、少《すこ》しくらい泊《と》まってもいいか」

ドラえもんはあくまで冷静《れいせい》に先《さき》のことを考《かんが》えている。そんな姿《すがた》をソーニャは見抜《みぬ》いたのか、隣《となり》へ歩《ある》いてきて声《こえ》をかけた。

「ドラえもん様《さま》はパトロールを手伝《てつだ》ってくださいますか？」

「OK《オーケー》！」

ドラえもんは快諾《かいだく》するが、少《すこ》し困《こま》ったようにソーニャを見《み》つめる。

「けどソーニャ、その『ドラえもん様《さま》』ってやめてくれないかな。なんだかこそばゆいや」

ドラえもんは照《て》れたように言《い》うと、ソーニャは少《すこ》し驚《おどろ》いたように微笑《ほほえ》む。

「……ではそうしてみます」

同《おな》じロボットとして対等《たいとう》に話《はな》したい気持《きも》ちが伝《つた》わったのかもしれない。ドラえもんとソーニャは、のび太《た》が「早《はや》く早《はや》く〜！」と急《せ》かしているのを聞《き》いて、出口《でぐち》へ歩《ある》き出《だ》す。
そんな一同《いちどう》の様子《ようす》を、三賢人《さんけんじん》は穏《おだ》やかな目《め》でじっと見《み》つめていた。

05

楽《たの》しい学園生活《がくえんせいかつ》

パラダピアの学校《がっこう》は小《ちい》さな浮《う》き島《しま》の一《ひと》つにあった。その中《なか》でそれぞれの部屋《へや》が丸《まる》い形《かたち》のユニットにわかれていた。

パラダピアンライトの柔《やわ》らかい光《ひかり》が注《そそ》ぐなか、図書室《としょしつ》で読書《どくしょ》したり、音楽室《おんがくしつ》で発声練習《はっせいれんしゅう》をしている生徒《せいと》たちの姿《すがた》が見《み》える。

のび太《た》たちは教室《きょうしつ》ユニットに案内《あんない》され、パラダピアの生徒《せいと》たちの前《まえ》に立《た》っていた。

「ではみなさん、新《あたら》しいお友《とも》だちにあいさつをしましょう」

先生《せんせい》の言葉《ことば》に、横一列《よこいちれつ》に並《なら》ぶ生徒《せいと》たちが一斉《いっせい》に声《こえ》を上《あ》げる。生徒《せいと》たちの胸《むね》についているバッジは、すべて点灯《てんとう》して太陽《たいよう》の形《かたち》になっていた。

「ようこそ皆《みな》さん！　一緒《いっしょ》にたくさん学《まな》びましょう！」

あまりに揃《そろ》っているあいさつを受《う》けて、のび太《た》たちは面食《めんく》らった。

「ど、どうも」「よろしくー」「お、おう」「よろしくお願《ねが》いします」

四人《よにん》それぞれにバラバラのあいさつを返《かえ》した。

のび太《た》たちを見《み》ていた先生《せんせい》は、傍《かたわ》らの女子生徒《じょしせいと》に目《め》を向《む》けた。

「学級委員《がっきゅういいん》のハンナさん、わからないことは教《おし》えてあげてくださいね」

「はい」

ハンナと呼《よ》ばれた利発《りはつ》そうな女子生徒《じょしせいと》がうなずく。

「次《つぎ》の授業《じゅぎょう》は算数体育《さんすうたいいく》です」

先生《せんせい》がのび太《た》たちへ向《む》き直《なお》る。

「算数体育《さんすうたいいく》？」

聞《き》き慣《な》れない教科《きょうか》に戸惑《とまど》う一同《いちどう》だったが、先《せん》生《せい》は気《き》にせずにゲートの方《ほう》を示《しめ》して言《い》った。

「校庭《こうてい》へ飛《と》びましょう」

教室《きょうしつ》ユニットと校庭《こうてい》ユニットは、透明《とうめい》のチューブのようなものでつながっていた。チューブの中《なか》を先生《せんせい》や生徒《せいと》たちはクリオネラ飛《ひ》行機《こうき》に乗《の》って、のび太《た》たちは自分《じぶん》の飛行機《ひこうき》で進《すす》んでいく。

「次《つぎ》の授業《じゅぎょう》がある場所《ばしょ》へ、廊下《ろうか》が自動《じどう》でつながります」

ハンナが説明《せつめい》してくれると、「じゃあのび太《た》でも迷子《まいご》にならないね」とスネ夫《お》がからかう。

「よーし！　誰《だれ》が一番《いちばん》に着《つ》けるか競争《きょうそう》だ！」

ジャイアンが煽《あお》ると、スネ夫《お》が同調《どうちょう》した。

「負《ま》けないぞ！」

二人《ふたり》の機体《きたい》がスピードを上《あ》げると、のび太《た》は巻《ま》き込《こ》まれないようにあわてて避《よ》ける。

すると先生《せんせい》の機体《きたい》が二人《ふたり》の前《まえ》にスッと現《あらわ》れた。

「廊下《ろうか》は急《いそ》がず、安全《あんぜん》に飛《と》びましょうね」

「は、はい……」

穏《おだ》やかに注意《ちゅうい》されて二人《ふたり》は素直《すなお》にうなずく。

いつもの学校《がっこう》と、どうも勝手《かって》が違《ちが》うようだ。生徒《せいと》たちにつづいて、のび太《た》たち四人《よにん》も校庭《こうてい》ユニットにたどり着《つ》いた。

「さあ、今日《きょう》も元気《げんき》にパラダピアンライトをたくさん浴《あ》びて、勉強《べんきょう》しましょう」

「はーい」

素直《すなお》な生徒《せいと》たちにならって、のび太《た》たちも返事《へんじ》をする。

「では始《はじ》めます」

先生《せんせい》の肩《かた》に乗《の》っていた小型《こがた》のクリオネラが飛《と》んでいく、するとクリオネラの飛《と》んだルートに従《したが》って、アスレチックコースのようなものが現《あら》われる。あっという間《ま》に、滑《すべ》り台《だい》やトランポリンなどを備《そな》えたコースが出来上《できあ》がった。

「おお……」

のび太《た》たちはその進《すす》んだ科学技術《かがくぎじゅつ》に呆然《ぼうぜん》とするばかりだった。

＊＊＊

「ア〜ア〜！」

声《こえ》を上《あ》げながら、ジャイアンとスネ夫《お》はターザンのようにロープを次々《つぎつぎ》に伝《つた》っていく。

「よっ！　とっ！」

しずかも飛《と》び石《いし》のように配《はい》されたトランポリンをポンポンと渡《わた》って、アスレチックコースを楽《たの》しんでいた。

一方《いっぽう》でのび太《た》も小船《こぶね》に乗《の》って水上《すいじょう》スライダーを滑《すべ》り降《お》りていた。穏《おだ》やかな水面《みなも》を進《すす》みながら、のび太《た》は思《おも》わずつぶやく。

「こういう体育《たいいく》なら楽《たの》しいや」

たしかにのび太《た》の苦手《にがて》な跳《と》び箱《ばこ》やマラソンなどの、いつもの体育《たいいく》とは大違《おおちが》いだ。

そんな上機嫌《じょうきげん》ののび太《た》を乗《の》せた小船《こぶね》は、枝分《えだわ》かれした狭《せま》いコースを進《すす》む。するとゲートの前《まえ》で静《しず》かに止《と》まった。

「行《い》き止《ど》まり？」

直後《ちょくご》、ゲートの近《ちか》くにいたクリオネラがホログラムを映《うつ》した。ホログラムには何《なに》やら計算問題《けいさんもんだい》が書《か》いてある。

「えっ⁉」

のび太《た》は驚《おどろ》いて面食《めんく》らう。隣《となり》でハンナが「21！」と答《こた》えるのが聞《き》こえた。そちらに気《き》をとられている間《あいだ》に、のび太《た》の目《め》の前《まえ》のホログラムに、大《おお》きな「×」が映《うつ》し出《だ》され、ブーッ！と大《おお》きな音《おと》が鳴《な》った。どうやら時間切《じかんぎ》れのようだ。

「え？　え？」

のび太以外《たいいがい》の面々《めんめん》も別《べつ》の場所《ばしょ》で同《おな》じ事態《じたい》に出《で》くわしていた。スネ夫《お》は登《のぼ》り棒《ぼう》の先《さき》で『8－4＋3』という問題《もんだい》を解《と》かされていたし、ジャイアンは平均台《へいきんだい》の上《うえ》で、しずかも透明《とうめい》チューブの中《なか》で算《さん》数《すう》の問題《もんだい》に苦戦《くせん》していた。

どうやらこれが〝算数体育《さんすうたいいく》〟らしい。

「難《むずか》しいよ〜〜〜っ！」

計算問題《けいさんもんだい》が解《と》けずに、同《おな》じ場所《ばしょ》で立《た》ち往生《おうじょう》させられているのび太《た》は、ベソをかいて嘆《なげ》いた。

もう幾度《いくたび》、『×』に行《ゆ》く手《て》を阻《はば》まれただろう。

するとコースの外《そと》から、ハンナの声《こえ》が聞《き》こえた。

「のび太《た》さん、ゆっくり落《お》ち着《つ》いて考《かんが》えましょう」

「がんばれ！」

「できるできる！」

のび太《た》が見《み》ると、ハンナだけでなく他《ほか》の生徒《せいと》たちも一緒《いっしょ》にのび太《た》を応援《おうえん》していた。

その声援《せいえん》に励《はげ》まされて、のび太《た》は涙《なみだ》をぬぐった。改《あらた》めて目《め》の前《まえ》のホログラムをグッと見《み》つめる。そして表示《ひょうじ》された計算問題《けいさんもんだい》、『4＋7』を見《み》て頭《あたま》を回転《かいてん》させる。

「11！」

タイムアップぎりぎりでのび太《た》は叫《さけ》ぶ。すると正面《しょうめん》に『○』が現《あらわ》れて、ピンポーンと正解《せいかい》の音《おと》が流《なが》れた。

「や、やったー！」

思《おも》わずバンザイしたのび太《た》に、ハンナたちの祝福《しゅくふく》の声《こえ》が降《ふ》り注《そそ》ぐ。

「おめでとう！」「やりましたね！」「さすがです！」

のび太《た》は「みんな、ありがとう！」と嬉《うれ》し涙《なみだ》を浮《う》かべて、手《て》を振《ふ》った。

なんて幸《しあわ》せな世界《せかい》なんだろう……。

＊＊＊

その頃《ころ》、ドラえもんとソーニャはパラダピアの端《はし》っこの方《ほう》へ、パトロールにやってきていた。それぞれ愛機《あいき》に乗《の》り込《こ》み、並《なら》んで飛《と》びながら辺《あた》りを警戒《けいかい》する。

「悪者《わるもの》が近《ちか》づいてきたら大変《たいへん》だ」

「はい。ですがこのバリアに覆《おお》われている限《かぎ》りは、まず安全《あんぜん》です。外《そと》からパラダピアを見《み》ることはできませんから」

ソーニャが見据《みす》える先《さき》には、パラダピアを取《と》り囲《かこ》むように、うっすらと透明《とうめい》な膜《まく》がはられていた。

「そうなの？　あ、じゃあ僕《ぼく》らが見《み》たのは、バリアがないときだったんだ」

「これだけのバリアを常《つね》にはっておくのは難《むずか》しいのです」

「なるほどね〜」

ドラえもんは静《しず》かに降下《こうか》して、バリアのすぐ近《ちか》くの地面《じめん》に降《お》り立《た》った。

「それにしてもすごいバリアだなぁ。ステルス機《き》能《のう》に保温《ほおん》に紫外線《しがいせん》カット……、見《み》た目《め》はただの水《みず》の膜《まく》みたいだけど……」

と、バリアへ手《て》を伸《の》ばす。すると背後《はいご》からソーニャの鋭《するど》い声《こえ》が飛《と》んだ。

「さわらないで！」

「え？」

しかし遅《おそ》かった。ドラえもんはわずかにバリアに触《ふ》れてしまい、バシュッと手先《てさき》から一瞬《いっしゅん》にして全身《ぜんしん》が凍《こお》りつき、動《うご》かなくなってしまった。

ソーニャは素早《すばや》く懐《ふところ》からステッキを取《と》り出《だ》す。その先端《せんたん》でドラえもんの頭《あたま》をコツリとたたくと、ドラえもんを覆《おお》っている氷《こおり》がひび割《わ》れてパリンと砕《くだ》け散《ち》る。

「ぶはっ！　な、なにが起《お》きたんだ!?」

元《もと》に戻《もど》ったドラえもんはあわあわと見回《みまわ》す。

「悪者《わるもの》に侵入《しんにゅう》されないように、触《ふ》れたものを一《いち》時的《じてき》に凍《こお》らせる機能《きのう》もあるのです」

「なんと……！」

「すみません。先《さき》に言《い》っておくべきでした」

ソーニャは申《もう》し訳《わけ》なさそうに頭《あたま》を下《さ》げる。

「いやぁ、僕《ぼく》がうかつだったよ。じゃあ僕《ぼく》らが帰《かえ》るときはバリアを切《き》ってもらわなきゃね」

「…………」

と、ソーニャは硬《かた》い表情《ひょうじょう》を浮《う》かべて、何《なに》も答《こた》えない。

するとどこからか小型《こがた》クリオネラがやってきて、ソーニャに何《なに》やら耳打《みみう》ちする。

「わかった、すぐに行《い》く」

「何《なに》かあったの？」

「はい。行《い》きましょう」

ソーニャはクリオネラ飛行機《ひこうき》に乗《の》り込《こ》んだ。

ドラえもんとソーニャは牧場《ぼくじょう》ユニットへやってきた。

「どうしました？」

飛行機《ひこうき》から降《お》り立《た》ったソーニャが牛舎《ぎゅうしゃ》へ向《む》かう

と、牧場《ぼくじょう》のスタッフらしき男女《だんじょ》が顔《かお》を上《あ》げる。

「この子《こ》の具合《ぐあい》が悪《わる》くてね」

「ミルクを出《だ》さないんだ」

二人《ふたり》の前《まえ》には、へたり込《こ》んでいる牛《うし》の姿《すがた》があった。ぐったりとしていて、見《み》た目《め》から調子《ちょうし》が悪《わる》そうなのがわかる。

「病気《びょうき》かなあ？」

ドラえもんも心配《しんぱい》そうに近《ちか》づく。「こんなときは……」とポケットを探《さぐ》り始《はじ》めた。しかしすぐにハッと気《き》づく。

「あ、〝お医者《いしゃ》さんカバン〟もリサイクルに出《だ》したんだった」

と、〝四次元《よじげん》ゴミ袋《ぶくろ》〟を取《と》り出《だ》して苦笑《くしょう》する。

〝お医者《いしゃ》さんカバン〟とはどんな病気《びょうき》でも治《なお》してしまう未来《みらい》の道具《どうぐ》で、のび太《た》の風邪《かぜ》を何度《なんど》か治《なお》したこともある。

「病院《びょういん》へ運《はこ》びましょう」

牛《うし》の様子《ようす》を見《み》ていたソーニャが立《た》ち上《あ》がった。

「あ、じゃあ〝スーパー手袋《てぶくろ》〟を……」

ドラえもんは再《ふたた》びポケットに手《て》を差《さ》し入《い》れるが、またもやどこにも見《み》つからない。

「あれぇ？　整理《せいり》したばっかりなのに、どこにしまったかな……」

するとソーニャは懐《ふところ》からステッキを取《と》り出《だ》した。牛《うし》に向《む》けるとステッキの先端《せんたん》から光《ひかり》が放射《ほうしゃ》される。光《ひかり》を浴《あ》びた牛《うし》は、みるみるうちに小《ちい》さくなっていった。

ドラえもんはそれを見《み》て驚《おどろ》く。あの効果《こうか》はまさしく……、

「〝スモールライト〟！　す、すごいねそれ！」

どうやらソーニャのステッキは、ドラえもんの持《も》っているひみつ道具《どうぐ》と同《おな》じレベルの技術《ぎじゅつ》を持《も》っているらしい。さらにソーニャは違《ちが》う色《いろ》のライトを当《あ》てて、小《ちい》さくなった牛《うし》を浮《う》かせ、自分《じぶん》の胸《むな》元《もと》へ引《ひ》き寄《よ》せた。

「三賢人様《さんけんじんさま》にいただいたものです」

ソーニャはドラえもんにステッキを見《み》せた。

「もしかして他《ほか》にもたくさん、すごい道具《どうぐ》が!?」

ドラえもんは興味津々《きょうみしんしん》でソーニャの懐《ふところ》を見《み》つめる。

「いいえ、ここではこれがあれば充分《じゅうぶん》ですから」

ソーニャは四次元《よじげん》ポケットは持《も》っていないようだ。その胸元《むなもと》に抱《かか》えられている子牛《こうし》のしっぽが、ドラえもんの鼻《はな》をなでる。

「そうなんだ……、へ、へ、へーくしょん!」

ドラえもんが大《おお》きなくしゃみをすると、小《ちい》さな牛《うし》はビックリしてソーニャの腕《うで》の中《なか》で暴《あば》れ始《はじ》めた。

「ほら、大丈夫《だいじょうぶ》だ。よしよし……」

ソーニャが牛《うし》をなだめるのを見《み》て、ドラえもんは鼻水《はなみず》をすすり上《あ》げながら、

「ごめん、ソーニャ。へへ……」

と、照《て》れ笑《わら》いを浮《う》かべた。

＊＊＊

パラダピアンライトの明《あ》かりが優《やさ》しく赤《あか》い光《ひかり》に変《か》わると、パラダピアは夕方《ゆうがた》を迎《むか》える。のび太《た》たちは食堂《しょくどう》ユニットと呼《よ》ばれる場所《ばしょ》で、円《まる》テーブルを囲《かこ》んでいた。

「おお～っ！」

「うまそう～！」

目《め》の前《まえ》には色《いろ》とりどりの野菜《やさい》が挟《はさ》まれた、サンドイッチがある。

「いっただきま～す！」

のび太《た》はサンドイッチにかぶりついた。

「おいしい！」

「食事《しょくじ》は皆《みな》さんの年齢《ねんれい》や体型《たいけい》にあわせ、最適《さいてき》なメニューが支給《しきゅう》されます」

ソーニャが調理場《ちょうりば》の方《ほう》を見《み》やる。調理場《ちょうりば》では小型《こがた》クリオネラが飛《と》び回《まわ》り、シェフたちが料理《りょうり》に励《はげ》んでいる。

「ごちそうさま！」

「はやっ！」

いち早《はや》く食《た》べ終《お》わって満足《まんぞく》そうなジャイアンだが、のび太《た》の皿《さら》をチラリと見《み》た。
のび太《た》はギクッと身構《みがま》える。
ジャイアンのことだ。きっと「のび太《た》のぶんもよこせ！」と言《い》い出《だ》すに決《き》まっている。
のび太《た》はそう思《おも》ってお皿《さら》を自分《じぶん》の方《ほう》へ寄《よ》せる。
――が、ジャイアンの口《くち》から出《で》たのは意外《いがい》な言葉《ことば》だった。
「多《おお》かったら食《た》べてやるぞ、のび太《た》」

「え……？」

ジャイアンは自然《しぜん》にのび太《た》を気遣《きづか》うように言《い》った。のび太《た》は戸惑《とまど》いながらも、「あ、うん。大丈夫《だいじょうぶ》……」と答《こた》える。

いったいどうしたんだろう……。

のび太《た》は怪訝《けげん》に思《おも》ったが、たまたま機嫌《きげん》がよかったのかもしれないと、思《おも》い直《なお》す。

「ソーニャ、これからどうするの？」

ドラえもんが聞《き》くと、ソーニャもサンドイッチを食《た》べながら答《こた》えた。

「皆《みな》さんの住《す》まいへお連《つ》れします。パラダピアの住人《じゅうにん》は皆《みな》、夜《よる》は8時《じ》に寝《ね》て、朝《あさ》は5時《じ》起床《きしょう》です」

「5時《じ》!?」

あまりの早《はや》さに、全員《ぜんいん》が驚《おどろ》いて叫《さけ》んだ。

「のび太君《たくん》には無理《むり》だ」

ドラえもんがいつも寝坊《ねぼう》ののび太《た》を振《ふ》り返《かえ》ったが、のび太《た》ははっきりと言《い》い返《かえ》す。

「大丈夫《だいじょうぶ》! だって僕《ぼく》はパーフェクト小学生《しょうがくせい》に

なるんだから！」

「そんな簡単《かんたん》になれるのかなあ……」

「なれるよ！」

「だいたい朝《あさ》の5時《じ》に起《お》きるなんて……」

「起《お》きるってば！」

ドラえもんとのび太《た》の不毛《ふもう》な言《い》い争《あらそ》いがつづいているなか、のび太《た》たちのテーブルを遠《とお》くからじっと見《み》ている目《め》があった。

同《おな》じクラスのハンナだった。

「…………」

ハンナはのび太《た》たちの様子《ようす》を見《み》つめ、少《すこ》し寂《さび》しげな表情《ひょうじょう》を浮《う》かべて、どこかへ歩《ある》き去《さ》っていった。

＊　＊　＊

パラダピアは夜《よる》を迎《むか》える準備《じゅんび》を進《すす》めていた。朝《あさ》とは逆《ぎゃく》の動《うご》きで、あらゆる浮《う》き島《しま》が大聖堂《だいせいどう》の塔《とう》の方《ほう》へ戻《もど》っていく。まるで花《はな》びらを閉《と》じるように、パラダピア全体《ぜんたい》が静《しず》かに活動《かつどう》を終《お》えていった。

のび太《た》たちは、ソーニャに案内《あんない》された住居《じゅうきょ》ユニットといわれる場所《ばしょ》で、その様子《ようす》を見《み》つめていた。

「町《まち》が……」

「朝《あさ》の形《かたち》に戻《もど》っている……」

のび太《た》としずかがつぶやくと、辺《あた》りがスッと暗《くら》くなった。パラダピアンライトの光《ひかり》が消《き》えたのだ。そのままバリアが消《き》え、本物《ほんもの》の太陽《たいよう》の沈《しず》みゆく姿《すがた》がドラえもんたちの目《め》に飛《と》び込《こ》んでくる。

「バリアも消《き》えちゃった……」

夕日《ゆうひ》が落《お》ちると、町《まち》のいたるところから色鮮《いろあざ》やかなレーザーのような光《ひかり》が外《そと》へ向《む》かって放《はな》たれていく。

「わあ……！」

「きれい……」

まるで遊園地《ゆうえんち》のように動《うご》き回《まわ》るレーザーに一同《いちどう》が見《み》とれていると、ソーニャが解説《かいせつ》を始《はじ》めた。

「宇宙線《うちゅうせん》を取《と》り込《こ》んでいるのです」

「ウチュウセン？」

「UFO《ユーフォー》でも来《く》るの？」

ジャイアンとスネ夫《お》が不思議《ふしぎ》そうに尋《たず》ねた。

「宇宙《うちゅう》の船《ふね》ではありません。宇宙《うちゅう》から降《ふ》り注《そそ》ぐ放《ほう》射線《しゃせん》、目《め》には見《み》えないくらいのとても小《ちい》さな粒子《りゅうし》のことです。それがパラダピアのエネルギーの元《もと》なのです。宇宙《うちゅう》にはいろいろな放射線《ほうしゃせん》が飛《と》び交《か》っていて、たとえば……」

ソーニャの解説《かいせつ》はつづいているが、ドラえもんが気《き》づいて口《くち》を挟《はさ》む。

「ソーニャ、悪《わる》いけどのび太《た》くんにはちょっと難《むずか》しすぎるかな」

たしかにのび太《た》はソーニャの言葉《ことば》を、ほとんど理解《りかい》できていなかった。しかしそれを指摘《してき》されてそっぽを向《む》く。

「パーフェクト小学生《しょうがくせい》になったらわかるよ！」

そのとき、先《さき》ほどより強《つよ》いレーザーが１本《ぽん》、空《そら》へと走《はし》り、消《き》えてしまったパラダピアンライトの場所《ばしょ》へ集《あつ》まっていく。

「おおっ！」

するとライトから太《ふと》いレーザー光線《こうせん》が、大聖堂《だいせいどう》のてっぺんへと降《ふ》り注《そそ》いだ。

「夜《よる》の間《あいだ》に効率《こうりつ》よく宇宙線《うちゅうせん》を集《あつ》め、ああして大《だい》聖堂《せいどう》へと送《おく》って、エネルギーに変換《へんかん》しています。パラダピアが空《そら》に浮《う》いているのは、悪者《わるもの》から姿《すがた》を隠《かく》すためというのもありますが、こうしてエネルギーを得《え》るためでもあるのです」

あくまで効率的《こうりつてき》にパラダピアは作《つく》られているらしい。昼間《ひるま》の〝スモールライト〟の効果《こうか》を持《も》つステッキといい、ドラえもんはその技術《ぎじゅつ》に感心《かんしん》して、ソーニャの話《はなし》を聞《き》いていた。

さらに住居《じゅうきょ》ユニットの個室《こしつ》にも、進《すす》んだ技術《ぎじゅつ》は使《つか》われていた。天井《てんじょう》には光《ひか》る水《みず》が伝《つた》っていて、照明《しょうめい》の役割《やくわり》をしている。どうやらここパラダピアでは、特殊《とくしゅ》な水《みず》を使《つか》ってエネルギーを供給《きょうきゅう》しているようだ。

そんな隙《すき》のないパラダピアであったが、のび太《た》たちが眠《ねむ》りについたあと、ある異変《いへん》が起《お》きた。のび太《た》たちの住居《じゅうきょ》がある建物《たてもの》の外《そと》で、一人《ひとり》の女《おんな》が暗闇《くらやみ》の中《なか》を走《はし》っていた。

女《おんな》は周囲《しゅうい》を警戒《けいかい》し、何《なに》かを探《さぐ》るように見回《みまわ》す。そして大聖堂近《だいせいどうちか》くの壁《かべ》に近《ちか》づくと、腰《こし》のポーチから黒《くろ》いリップスティックを取《と》り出《だ》した。

リップを開《あ》けると先端《せんたん》が光《ひか》っている。女《おんな》がその光《ひか》る先端《せんたん》をくるりと空間上《くうかんじょう》に滑《すべ》らせると、不思《ふし》議《ぎ》なことに穴《あな》が開《ひら》いた。その向《む》こうは亜空間《あくうかん》のようだ。

躊躇《ちゅうちょ》なく女《おんな》が穴《あな》の中《なか》に飛《と》び込《こ》むと、穴《あな》はスッと消《き》える。

女《おんな》が消《き》えた直後《ちょくご》、同《おな》じ場所《ばしょ》をクリオネラが警《けい》戒《かい》しながら通《とお》り過《す》ぎていった……。

06
怪《あや》しい気配《けはい》

翌日《よくじつ》もパラダピアの授業《じゅぎょう》は、穏《おだ》やかに進《すす》んでいた。

「本当《ほんとう》なら人《ひと》が住《す》むことができないほど高《たか》い空《そら》にある、このパラダピアですが、一年中《いちねんじゅう》過《す》ごしやすい気候《きこう》に保《たも》たれているのは何《なに》があるからでしょうか？」

昨日《きのう》と同《おな》じように柔《やわ》らかい笑《え》みを浮《う》かべ、先生《せんせい》は生徒《せいと》を振《ふ》り返《かえ》る。

「では、のび太《た》さん」

「……は？」

運悪《うんわる》くこっくりこっくりと船《ふね》をこいでいたのび太《た》は、ハッとして目《め》を覚《さ》ます。そして自分《じぶん》が指《さ》されたことに気《き》づいた。

「え、ええと……、その……わかりません」

恥《は》ずかしそうに言《い》うと、先生《せんせい》はさほど気《き》にする様子《ようす》もなく、他《ほか》の生徒《せいと》たちへ振《ふ》り返《かえ》る。

「ではわかる人《ひと》？」

のび太《た》以外《いがい》の生徒《せいと》が一斉《いっせい》に手《て》をあげた。その中《なか》には、普段《ふだん》なら決《けっ》して手《て》をあげないようなジャイアンも含《ふく》まれている。

「ジャイアンさん」

先生《せんせい》がジャイアンを指《さ》した。

「はい！　パラダピアンライトとバリアがあるからです！」

ジャイアンはハキハキと答《こた》える。その姿《すがた》はどこか優等生《ゆうとうせい》の雰囲気《ふんいき》を漂《ただよ》わせていた。

「そのとおりです。しっかり勉強《べんきょう》できていますね」

「えへへ……」

ジャイアンは照《て》れて頭《あたま》をかく。そのときジャイアンは気《き》づいていなかったが、胸《むね》のバッジに変化《へんか》が起《お》きた。ピッと一部《いちぶ》が点灯《てんとう》し、三日月《みかづき》の光《ひかり》から一段階《いちだんかい》だけ月《つき》が満《み》ちる。

「パラダピアの象徴《しょうちょう》であるパラダピアンライト

だけでなく……」

先生《せんせい》が授業《じゅぎょう》を続《つづ》けるなか、のび太《た》はうつむいていた。

ジャイアンすら真面目《まじめ》になっているようで、どこか置《お》いていかれているような気持《きも》ちだった。これではいままでの学校《がっこう》と同《おな》じじゃないか……。

どうして僕《ぼく》だけこうなんだろう……。

のび太《た》のバッジは相変《あいか》わらず三日月《みかづき》のままだった。

そんなのび太《た》の心《こころ》に呼応《こおう》したかのように、パラダピアンライトがゆっくりと夕日《ゆうひ》の色《いろ》に変《か》わっていく。授業《じゅぎょう》が終《お》わって、のび太《た》たちが住居《じゅうきょ》ユニットへ帰《かえ》る途中《とちゅう》、パトロールを終《お》えたソーニャとドラえもんが飛行機《ひこうき》で合流《ごうりゅう》した。

「のび太《た》くーん、どう？　パーフェクト小学生《しょうがくせい》にはなれた？」

ドラえもんは悪意《あくい》なく尋《たず》ねる。

のび太《た》は自分《じぶん》だけ落《お》ちこぼれているとは言《い》えずに、あいまいにごまかす。

「ま、まあまあかな。明日《あした》にはきっとなれてるよ！」

「ふーん」

ドラえもんはさして意《い》に介《かい》していない様子《ようす》だった。そもそものび太《た》がパーフェクト小学生《しょうがくせい》になるということ自体《じたい》、信《しん》じていないのだ。

「なってるからあ！」

のび太《た》が身《み》を乗《の》り出《だ》して言《い》おうとした拍子《ひょうし》に、どうやら体《からだ》がレバーにあたって、緊急脱出用《きんきゅうだっしゅつよう》の装置《そうち》を作動《さどう》させてしまったらしい。パンッと音《おと》を立《た》てて、のび太《た》は空中《くうちゅう》へ投《な》げ出《だ》されてしまった。直後《ちょくご》、頭上《ずじょう》にパラシュートが広《ひろ》がって、のび太《た》の体《からだ》はふわふわふわと揺《ゆ》れる。

「もう、何《なに》してるの」

ドラえもんがやれやれと、のび太《た》を助《たす》けに向《む》かう。そんな二人《ふたり》の様子《ようす》を、ソーニャは後《うし》ろから見《み》つめている。

「…………」

ソーニャの深刻《しんこく》そうな視線《しせん》に、そのときの二人《ふたり》はまったく気《き》づいていなかった。

＊　＊　＊

空《そら》に浮《う》かぶパラダピアでのび太《た》が落《お》ち込《こ》んでいた頃《ころ》、地上《ちじょう》ののび太《た》の家《いえ》では、パパとママが久《ひさ》しぶりに二人《ふたり》きりで夕食《ゆうしょく》を食《た》べていた。

ママがふと箸《はし》を置《お》いて、小《ちい》さく息《いき》をついた。

「……あの子《こ》、ちゃんと勉強《べんきょう》してるかしら」

「いないと寂《さび》しいもんだな」

パパはママにならって、正面《しょうめん》の空席《くうせき》を見《み》つめる。

「そうね。風邪《かぜ》ひいてないといいけど」

ママは寂《さび》しそうに少《すこ》しだけ微笑《ほほえ》んだ。

「ドラえもんがついてるから心配《しんぱい》ないだろう」

パパはママの心配《しんぱい》を拭《ぬぐ》い去《さ》るように優《やさ》しく声《こえ》をかける。

野比家《のびけ》からは、他《ほか》の家々《いえいえ》と同《おな》じように小《ちい》さな明《あ》かりが漏《も》れていた。

＊＊＊

さらに翌日《よくじつ》も、パラダピアの算数体育《さんすうたいいく》の授業《じゅぎょう》がいつもどおり行《おこな》われる。

「えーと、うーんと……」

のび太《た》がいまだ苦戦《くせん》している隣《となり》で、しずかとスネ夫《お》はトランポリンをひょいひょいと飛《と》んで渡《わた》り、ホログラムに映《うつ》し出《だ》された計算問題《けいさんもんだい》を次々《つぎつぎ》にクリアしていく。

「さすがしずかちゃん」

「スネ夫《お》さんこそ」

笑顔《えがお》でお互《たが》いを褒《ほ》め合《あ》いながら、二人《ふたり》は次《つぎ》の問《もん》題《だい》へと進《すす》んでいった。

しずかはこのパラダピアへ来《き》てから、自分《じぶん》が変《か》わっていくのを感《かん》じていた。あのパラダピアンライトの温《あたた》かい光《ひかり》を浴《あ》びていると、心《こころ》がどこか落《お》ち着《つ》いてくる気《き》がする。普段《ふだん》悩《なや》んでいたことも、ピアノのレッスンが面倒《めんどう》なことも、どこか遠《とお》くへいってしまったような、不思議《ふしぎ》な感覚《かんかく》だった。

ソーニャに、「少《すこ》し強情《ごうじょう》っぱりなところがあるかも……」と言《い》われたことは、心《こころ》の片隅《かたすみ》に残《のこ》っている。自分《じぶん》でも少《すこ》し気《き》にしていたことを、言《い》い当《あ》てられた気《き》がする。でもその気持《きも》ちすらどこかへ消《き》え始《はじ》め、心《こころ》が穏《おだ》やかになっていっているようだ。

それって、とってもいいことよね……。

しずかは自分《じぶん》に言《い》い聞《き》かせるように心《こころ》の中《なか》でつぶやくと、目《め》の前《まえ》の計算問題《けいさんもんだい》に戻《もど》った。

一方《いっぽう》でのび太《た》はまだ算数体育《さんすうたいいく》に苦戦《くせん》していた。しずかやスネ夫《お》がすいすいと解《と》いていくのを見《み》ると、自分《じぶん》が情《なさ》けなくなってため息《いき》が出《で》てくる。

すると別《べつ》のアスレチックをしていたジャイアンが「のび太《た》！」と声《こえ》をかけた。

「ゆっくりやればできるぞ！」

ジャイアンはのび太《た》に向《む》かって笑顔《えがお》を向《む》ける。

「え……」

「元気出《げんきだ》せ！」

ジャイアンが僕《ぼく》を励《はげ》ますなんて……。

いつもと違《ちが》う優《やさ》しい言葉《ことば》に困惑《こんわく》しているのび太《た》をもう一押《ひとお》しして、ジャイアンはまた自分《じぶん》の問題《もんだい》へと戻《もど》っていった。するとと今度《こんど》はスネ夫《お》としずかも叫《さけ》ぶ。

「のび太《た》ー！　めげずに頑張《がんば》ろう！」

「あきらめないで、のび太《た》さん！」

しずかちゃんはともかく、スネ夫《お》までどういう風《かぜ》の吹《ふ》き回《まわ》しだろう。

二人《ふたり》のかけ声《ごえ》に続《つづ》いて、周《まわ》りの生徒《せいと》たちものび太《た》を応援《おうえん》し始《はじ》める。初日《しょにち》は素直《すなお》に声援《せいえん》を受《う》け取《と》っていたのび太《た》だったが、今日《きょう》はどこか困《こま》ったように愛想笑《あいそわら》いを浮《う》かべる。

その姿《すがた》をクラスメートの一人《ひとり》、ハンナは複雑《ふくざつ》な表情《ひょうじょう》で見《み》つめていた。

「………」

どこか思《おも》い詰《つ》めたような目《め》だった。

ただ——のび太《た》のことを見《み》ていたのはハンナだけ

ではなかった。のび太《た》の隣《となり》から小型《こがた》クリオネラがじっと見《み》ている。その目《め》はカメラのレンズのようになっていて、何者《なにもの》かがのび太《た》の姿《すがた》を監視《かんし》していた。

＊　＊　＊

その日《ひ》の夕方《ゆうがた》、のび太《た》はみんなと一緒《いっしょ》には帰《かえ》らず、花畑《はなばたけ》ユニットと呼《よ》ばれる美《うつく》しい花《はな》が咲《さ》き乱《みだ》れる場所《ばしょ》で、一人《ひとり》ぽつんと座《すわ》っていた。空《そら》からは夕陽《ゆうひ》の色《いろ》のパラダピアンライトが降《ふ》り注《そそ》いでいる。

「あー、いたいた」

ドラえもんがのび太《た》を見《み》つけて、飛行機《ひこうき》を着陸《ちゃくりく》させる。そして小走《こばし》りで近《ちか》づいてきた。

「こんなところに……。みんなもう食堂《しょくどう》へ行《い》っちゃったよ」

「……」

のび太《た》は一人《ひとり》で考《かんが》えていたことがあった。しかし考《かんが》えがまとまらない。

ただ、ドラえもんに言《い》えば何《なに》かが変《か》わるかもしれない……。

「ここに来《き》て三日《みっか》……、ジャイアンは優《やさ》しくなってきたし、スネ夫《お》も意地悪《いじわる》しなくなった……」

「へぇ～、ほんとに変《か》わってきてるんだね。不思《ふし》議《ぎ》だなあ」

そう、変《か》わっているのだ。

しかしのび太《た》は、なぜか「不思議《ふしぎ》」という言葉《ことば》だけでは片付《かたづ》けられなかった。その一言《ひとこと》だけでは足《た》りない、何《なに》かトゲのようなものが心《こころ》に引《ひ》っかかっているのだ。
「でも……なんだか……」
昼間《ひるま》のジャイアンの笑顔《えがお》や、スネ夫《お》やしずかの応援《おうえん》がよみがえる。
みんなとっても優《やさ》しかった。それなのにどうして……。
のび太《た》は心《こころ》のモヤモヤを説明《せつめい》できなかった。
するとのび太《た》が悩《なや》んでいるのを見《み》て、ドラえもんが励《はげ》ます。

「自分《じぶん》だけパーフェクトになるのが遅《おそ》いからって、そんなに気《き》にすることないよ。今《いま》すぐならなくたって……」

「そんなんじゃないよ！」

思《おも》わずドラえもんの言葉《ことば》を遮《さえぎ》った。のび太《た》は今《いま》は自分《じぶん》のことは考《かんが》えていなかった。

「そんなんじゃないけど……」

のび太《た》はまたパラダピアンライトの方《ほう》へ向《む》き直《なお》った。

ドラえもんにも心《こころ》のモヤモヤを伝《つた》えることはできなそうだ……。

「どうやらのび太《た》さんは人一倍《ひといちばい》、のんびり屋《や》のようですね」

いつの間《ま》にやってきたのか、二人《ふたり》の背後《はいご》からソーニャが声《こえ》をかけた。

「でもここにいれば、いつか必《かなら》ずパーフェクトになります」

ソーニャの言葉《ことば》も、今《いま》ののび太《た》の心《こころ》には届《とど》かない。

「のび太《た》くんじゃ相当時間《そうとうじかん》がかかりそうだけどね」

ドラえもんのちくりとする言《い》い方《かた》に、のび太《た》は今《いま》まで悩《なや》んでいたことも忘《わす》れ、ムッとしてにらみつける。

「ドラえもんのバッジだって変《か》わってないだろ！」

バッジとは三日月《みかづき》がデザインされたバッジのことだった。いつのまにかのび太《た》のバッジは最初《さいしょ》の状態《じょうたい》に戻《もど》っていた。

「僕《ぼく》はロボットだから変《か》わらないの！　まったく人《ひと》の話《はなし》をちゃんと聞《き》かないんだから」

「君《きみ》が人間《にんげん》でも変《か》わらないと思《おも》うけどね」

ようやくいつもの調子《ちょうし》が出《で》てきたのび太《た》は、わざとらしい言《い》い方《かた》でドラえもんをからかう。

「なんだとー！　フンだ！」

そっぽを向《む》いたドラえもんに張《は》り合《あ》って、のび太《た》もそっぽを向《む》く。

「こっちこそ、フンフンだ！」

「こっちはフンフンフンだ！」

不毛《ふもう》な言《い》い争《あらそ》いに続《つづ》いて、二人《ふたり》は「ムムム……」とにらみ合《あ》う。直後《ちょくご》、「フンフンフンフンフン……！」と声《こえ》を揃《そろ》えてそっぽを向《む》く。

そんな空気《くうき》を破《やぶ》ったのはソーニャだった。

「ふふ……ふふふ……あははははっ！」

ソーニャは二人《ふたり》の様子《ようす》を見《み》て、思《おも》わず吹《ふ》き出《だ》してしまったのだ。そのままおなかを抱《かか》えて、大笑《おおわら》いする。

その姿《すがた》を見《み》てドラえもんは驚《おどろ》く。

「ソーニャも声《こえ》を上《あ》げて笑《わら》うんだね！」

それを聞《き》いた途端《とたん》、ソーニャはハッと姿勢《しせい》を正《ただ》して頭《あたま》を下《さ》げる。

「あ、失礼《しつれい》しました」

「ああ、いや……」

「いいんだよ、ソーニャが笑《わら》ったところ、初《はじ》めて見《み》たから」

するとソーニャは虚《きょ》を突《つ》かれたように、ハッと何《なに》かを思《おも》い出《だ》す。

「……そういえば、ずいぶん久《ひさ》しぶりに笑《わら》った気《き》がします」

「そんなに笑《わら》ってなかったの？」

のび太《た》が尋《たず》ねる。たしかにソーニャはあまり感情《かんじょう》を表《おもて》に出《だ》すタイプではない。

「実《じつ》は……私《わたし》こそ、昔《むかし》はダメなロボットだったんです」

「ソーニャが？」

ドラえもんは驚《おどろ》いたように目《め》を見開《みひら》く。

「いつもドジばかり。役立《やくた》たずと言《い》われ、捨《す》てられていたところを三賢人様《さんけんじんさま》が改造《かいぞう》してくれたんです。パーフェクトネコ型《がた》ロボットに……」

ソーニャもかつてはドラえもんのようなネコ型《がた》ロボットだったのだ。そんな失敗《しっぱい》だらけのネコ型《がた》ロボットを改造《かいぞう》した三賢人《さんけんじん》とはいったい……。

「そうだったんだ……」

「君《きみ》も苦労《くろう》してるんだね」

のび太《た》とドラえもんはソーニャを気遣《きづか》うように見《み》つめる。いつもパーフェクトなソーニャの過去《かこ》を知《し》り、他人《たにん》とは思《おも》えないと思《おも》ったのかもしれない。

ソーニャは二人《ふたり》を見《み》つめ返《かえ》した。

「……君《きみ》たちはとても不思議《ふしぎ》ですね」

「不思議《ふしぎ》？」

「お互《たが》い相手《あいて》をダメだと言《い》ってるのに、まるでそのダメなところが好《す》きなように見《み》えます」

「え？」

ぽかんと聞《き》いていたのび太《た》とドラえもんだったが、すぐ同時《どうじ》に手《て》を振《ふ》って、「そんなわけないない！」と否定《ひてい》する。

「いっつも苦労《くろう》させられてるんだから」

「そっちこそダメな道具《どうぐ》ばっかり！」

「なんだとー！」

「なにをー！」

また不毛《ふもう》な言《い》い争《あらそ》いが始《はじ》まった。その様子《ようす》を同《おな》じように見《み》ていたソーニャだったが、今度《こんど》は少《すこ》しだけ寂《さび》しそうな微笑《ほほえ》みを浮《う》かべる。

二人《ふたり》の言《い》い争《あらそ》いが聞《き》こえるなか、パラダピアンライトは夜《よる》の光《ひかり》へ変《か》わっていった。

下につづく

福島直浩《ふくしまなおひろ》

1977年《ねん》生《う》まれ。アニメ作品《さくひん》の脚本《きゃくほん》のほか、児童書《じどうしょ》などで小説《しょうせつ》を手《て》がける。ジュニア文庫《ぶんこ》では『怪盗《かいとう》ジョーカー』シリーズ、『小説《しょうせつ》 映画《えいが》ドラえもん のび太《た》の宇宙英雄記《うちゅうえいゆうき》』『小説《しょうせつ》 映画《えいが》ドラえもん のび太《た》の宇宙小戦争《うちゅうしょうせんそう》2021』を執筆《しっぴつ》。

著者紹介《ちょしゃしょうかい》

藤子《ふじこ》・F《エフ》・不二雄《ふじお》

本名《ほんみょう》、藤本弘《ふじもとひろし》。1933年《ねん》、富《と》山県高岡《やまけんたかおか》市《し》生《う》まれ。1951年《ねん》『天使《てんし》の玉《たま》ちゃん』でデビュー。

数多《かずおお》くの傑作《けっさく》を発表《はっぴょう》し、児童漫画《じどうまんが》の新時代《しんじだい》を築《きず》く。代表作《だいひょうさく》『ドラえもん』『オバケのQ《キュー》太郎《たろう》（共著《きょうちょ》）』『パーマン』など多数《たすう》。2011年《ねん》9月《がつ》、執筆《しっぴつ》した原画《げんが》を展示《てんじ》しその功績《こうせき》を顕彰《けんしょう》する「川崎市《かわさきし》 藤子《ふじこ》・F《エフ》・不二雄《ふじお》ミュージアム」が開館《かいかん》された。

読書工房めじろーブックス

大きな文字の小学館ジュニア文庫

小説《しょうせつ》　映画《えいが》ドラえもん

のび太《た》と空《そら》の理想郷《ユートピア》 上

藤子《ふじこ》・F《エフ》・不二雄《ふじお》／原作《げんさく》

福島直浩《ふくしまなおひろ》／著《ちょ》

古《こ》沢《さわ》良《りょう》太《た》／脚《きゃく》本《ほん》

堂山卓見《どうやまたくみ》／監督《かんとく》

2024年12月25日初版発行

［発行所］

有限会社 読書工房

〒171-0031

東京都豊島区目白2-18-15

目白コンコルド115

電話：03-6914-0960

ファックス：03-6914-0961

Eメール：info@d-kobo.jp

https://www.d-kobo.jp/

［印刷・製本］

セルン株式会社

ISBN978-4-902666-78-6　N.D.C. 913　276p　21cm